Für Moritz, Teresa, Mama und Papa - ihr seid mein Fels.

Die Deutsche Nationalbibliothek verzeichnet diese Publikation in der Deutschen Nationalbibliografie; detaillierte bibliografische Daten sind im Internet über http://dnb.dnb.de abrufbar.

1. Auflage 2019

Sinnvoll Glücklich – So findest du den Sinn des Lebens
Ein Imprint der Felix Thönnessen GmbH, Felix Thönnessen, Düsseldorf
felixthoennessen.de
Telefon: +49-211-93076531

Gestaltung: Jasmin Huber, meisterzeichen.
Lektorat: Die Korrekturleser, Köln
Druck: DGS - Druck u. Graphikservice GmbH, Wien
Printed in Österreich

ISBN Print 978-3-00-061950-2
ISBN E-Book 978-3-00-061949-6

WEITERE INFORMATIONEN ÜBER DEN AUTOR:
FELIXTHOENNESSEN.DE

FELIX THÖNNESSEN

SINNVOLL GLÜCKLICH

SO FINDEST DU DEN SINN DES LEBENS

WAS GIBT ES ZU LESEN?

————

KURZ VORNE WEG, …

… glauben Sie daran, dass es so etwas wie den Sinn des Lebens gibt? Ich meine, Sie haben sich ein Buch dazu gekauft oder sitzen in der Buchhandlung und lesen da immer für umsonst. Wenn Sie dieses Buch kaufen, kann ich Ihnen versprechen, dass Sie am Ende alles wissen, sehr glücklich sind und jeden Tag die Sonne scheint. Versprochen! (Ironie wird Ihnen noch häufiger begegnen.)

Eigentlich schreibt der Autor immer etwas zu sich oder dazu, warum er sich mit dem Thema beschäftigt. Ich mache das anders. Eigentlich ist das auch kein richtiges Buch, das ist eher ein Gespräch zwischen mir und Ihnen. (Auch in dieser Reihenfolge.) Ein Gespräch über ziemlich wichtige Sachen und allerhand Mumpitz.

Ich hasse es selbst, wenn ich mir ein Buch kaufe und dann nach dem ersten Kapitel nicht weiß, ob der Schinken mir gefällt oder nicht. Deshalb kriegen Sie quasi gratis hier schon einmal eine Art Vorschau. Kaufen müssen Sie das Buch trotzdem.

Da Sie in der Lage sind, zu lesen, nehme ich an, dass einige Jahre auf Ihrer Lebensuhr schon abgelaufen sind. Die möchte ich an der Stelle ein bisschen zurückdrehen: Nun, es fällt dem einen leichter, dem anderen schwerer, sich an seine eigene Kindheit, egal wie lange sie her ist, zurückzuerinnern. Aber vielleicht helfen Ihnen meine Gedanken, Ihre Erlebnisse und Erfahrungen wiederzufinden. (Ja, ich werde oft von mir sprechen, weil ich zu 90 Prozent Narzisst und zu 10 Prozent Egomane bin.)

Das früheste Erlebnis, an das ich mich zurückerinnern kann, ist eine Situation, in der ich etwa drei Jahre alt war. Wo die ersten beiden Jahre hin sind, frage ich mich in diesem Moment genauso wie Sie, aber ich möchte hier auch nicht zu streng mit mir selbst sein. Ich bin also drei Jahre und einer der größten Schokopuddingfans der Welt; heute würde man sagen: ein Fanatiker. Und nein, das ist keine sinnfreie Herleitung.

Laut Auskunft von Verwandten bestand meine Ernährung zu mindestens 80 Prozent aus diesem samtigen, schokoladigen Genuss mit einem Hauch weißer Sahne. Vielleicht hat diese Fehlernährung auch dazu geführt, dass ich mir überhaupt Gedanken über dieses Thema mache. Nun gut, ich habe also im Endeffekt den ganzen Tag nur Pudding gegessen. An einem verregneten Tag im September – natürlich ist das jetzt frei erfunden – saß ich dort mit meinem Pudding und fragte mich, was es Schöneres auf der Welt geben könne, als tagein tagaus Pudding zu essen. Nun begab es sich aber, dass meine Mutter meinen Puddingkonsum als nicht mehr gesundheitsfördernd für ein Kleinkind ansah. Somit entschied sie sich, mir diesen Pudding, der nur zur Hälfte gegessen war, wegzunehmen und mir stattdessen irgendeine Art gequetschte Banane in einer mehr als unansehnlichen Schüssel hinzustellen. Sie können sich sicher vorstellen, was in diesem Moment mit mir los war. Für mich als passionierte Puddingvernichtungsmaschine brach eine Welt zusammen. Mein Ein und Alles, mein Schatz, war mir entrissen worden. Ohne jeden Respekt war mir mein tägliches Lebenselixier genommen worden. Ich habe meine Mutter mit der Banane beworfen und alles mit dem Bananenbrei vollgeschmiert. Auch die Plastikschüssel hat etwas abbekommen, indem ich mit meinen riesigen Zähnen mehrmals reingebissen habe.

Wie hilft uns diese Geschichte jetzt dabei, die Ausgangsfrage zu beantworten?

Der Schokopudding war für mich damals das Größte, das, was meinem Tag einen Sinn gab. Ob es vermessen ist, zu sagen, dass Schokopudding der Sinn meines Lebens war, weiß ich nicht. Zumindest war es damals mein Antrieb für Vieles – „modern" würde man sagen: mein Why.

Damit ich nicht noch mehr Hunger bekomme, wollen wir zu einer anderen Situation in meinem Leben wechseln, die Ihnen vielleicht noch bekannter vorkommt und eigentlich besser zu diesem Thema passt. (Keine Sorge, das wird keine Autobiografie.) Mittlerweile bin ich dem Kindersitz entwachsen und auch Schokopudding ist nicht mehr mein Leibgericht. Ich bin etwa 15 Jahre alt und gehe in die achte Klasse. (Ob das mit der Klasse und dem Alter hundertprozentig stimmt, weiß ich allerdings nicht.) Meine Haare sind schulterlang, in der Mitte ist wunderschön ein Scheitel gezogen und meine Kleidung weckt rückwirkend eher den Eindruck, als hätte ich als Aushilfsgangster gearbeitet. In diese besagte achte Klasse gehen mit mir noch weitere 25 Jungs und Mädchen. Inmitten dieser Gruppe gab es jedoch ein Leuchten. Ein Licht in der Dunkelheit, ein Strahlen, das alles andere überdeckte. Ein Mädchen, so schön, dass Hinsehen wehtut und es einem das Herz aus der Brust reißt, sobald sie auch nur ein Wort sagt. In dem Moment, in dem sie das erste Mal meinen Namen über ihre engelsgleichen Lippen brachte, wäre ich am liebsten tot umgefallen und hätte ewig in dieser Glückseligkeit geruht. Bevor wir jetzt weiter in romantischen Gefühlen schwelgen und Sie anfangen, das Buch zu streicheln, wollen wir zum eigentlichen Thema zurückkehren. Dieses Mädchen war in diesem Moment mein Ein und Alles. Sie war der Grund, warum ich jeden Morgen zur Schule gegangen bin. Für ein paar Minuten mit ihr auf der Bank direkt neben der Turnhalle hätte ich jede Klassenarbeit, ohne mit der Wimper zu zucken, sausen lassen. (Dass ich dafür jemanden umgebracht hätte, wäre wahrscheinlich etwas übertrieben.) Morgens stand ich etwa eine Stunde früher auf, nur um zu entscheiden, was ich anziehe oder wie ich den Mittelscheitel noch perfekter und symmetrischer gestalten könnte. Meine Zukunft war zu diesem Zeitpunkt längst klar: Schule abbrechen, heiraten und dann im sanften Frühlingstanz über ein Mohnfeld schweben, welch' wundervolle Vorstellung.

Dieses Gefühl hielt so lange an, bis dieses Miststück sich entschied, mit einem anderen Jungen zwei Klassen über mir zu gehen. Ich hätte ihn am liebsten zusammengeschlagen, was zweifelsohne keine gute Idee gewesen wäre, da er wie gesagt zwei Klassen über mir war. So verabschiedete ich mich langsam von unserem gemeinsamen Traum. Dem Heiraten, dem Mohnfeld und allen anderen schönen Vorstellungen. (Wobei das Mohnfeld sicher beim Träumen geholfen hätte.)

Ob Sie es glauben oder nicht, ich denke heute noch oft an das Mädchen zurück und frage mich, wie mein Leben verlaufen wäre, hätte sie sich damals für mich entschieden.

(Hätte, hätte, Fahrradkette.) Wer weiß, was aus mir geworden wäre. Vielleicht wäre sie vom ganzen Küssen sofort schwanger geworden, ich hätte in einer Kohlengrube angefangen, unser tägliches Brot zu verdienen, und wir hätten in unserer staatlich geförderten 40-Quadratmeter-Wohnung im zehnten Stock nur von Luft und Liebe gelebt. Und jetzt? Reicht eine Enttäuschung schon, die Liebe vielleicht für immer zu verwünschen. Natürlich nicht.

Irgendwann habe ich mich von dem ganzen Liebeskummer natürlich erholt und bin den Tag mit neuer Energie angegangen. (Ich werde jetzt eine ziemlich schlechte Brücke schlagen.) Wie sieht denn so ein „normaler" Tag im Leben eines „normalen" Menschen überhaupt aus?

Die Sonne lacht und unser Proband erwacht in seinem noch kuschelig warmen Bett – Zeit zum Aufstehen. Frohen Mutes hüpft er unter die Dusche und schmiert sich ein paar Brote mit Nuss-Nougat-Creme. (Es sollte jedem passionierten Süßaufstrichesser klar sein, welche Sorte ich hier meine.) Dann geht es auch schon ins Büro. Pünktlich oder sogar einige Minuten zu früh erreicht er seinen Arbeitsplatz. Mit einem freundlichen „Guten Morgen!" begrüßt er die Kollegen und beginnt auch schon mit der Arbeit. Um etwa 13.00 Uhr geht er mit den Kollegen gegenüber zum Italiener, leckere Spaghetti Bolognese essen, und macht sich wieder an die Arbeit, die er um 17.00 Uhr pünktlich beendet. (Die Berater und Anwälte unter Ihnen fragen sich jetzt sicher, ob es solche Jobs wirklich gibt.) Auf dem Weg nach Hause kauft er noch ein paar Dinge ein und freut sich dann auf ein gemeinsames Abendessen mit seiner Lebensabschnittsgefährtin. (Das ist definitiv mein Lieblingsbegriff.) Beim gemeinschaftlichen allabendlichen Fernsehgucken fallen dann langsam die Augen zu. Der letzte Gedanke ist die Vorfreude auf den morgigen Arbeitstag. Am Wochenende will „man" einen Ausflug machen, vielleicht zum Freibad oder sogar in den Zoo, und in etwa 3,5 Monaten steht der gemeinsame Urlaub auf Kreta an. Was könnte es Schöneres geben?

Sie haben den Eindruck, ich würde mich über unseren Probanden lustig machen? Keineswegs. Im Gegenteil, ein Mensch, dessen Leben aus einem Job besteht, bei dem er genug verdient, um ein Dach über dem Kopf zu haben, und der eine Frau oder einen Mann hat, die oder der zu Hause wartet, sollte oder müsste doch eigentlich glücklich sein. Wir werden im Laufe dieses Buches merken, dass dies nicht immer der Fall ist und uns noch häufiger fragen, was bei diesem Beispiel der Grund dafür ist, dass unser Proband glücklich ist.

Kennen Sie solche Menschen? Die scheinbar durchweg glücklich sind und die in einer Partnerschaft leben, die wie in Stein gemeißelt wirkt? Manchmal schaue ich da mit Neid drauf und frage mich, wieso die das hinbekommen und ich nicht. (Und überlege mir, wie ich sie vergiften könnte.)

Um hier noch persönlicher zu werden, nennen wir unseren Probanden mal Lutz. Lutz ist, wie oben bereits erwähnt, verheiratet und aufgrund unserer Ausgangsgeschichte tanzen wir immer noch im Lichte der Romantik: Lutz ist glücklich verliebt. Ja, leider ist es auch möglich verheiratet und unglücklich verliebt zu sein. Dann handelt es sich beim Objekt der Begierde meistens nicht um die Ehefrau, zumindest nicht um die eigene.

Liebe scheint in unserem Leben eine große Rolle zu spielen. Dabei gibt es nicht nur die Liebe zum eigenen Partner oder zur eigenen Partnerin, sondern auch die Liebe zu Familienangehörigen. (Damit meine ich jetzt nicht das, was manchmal in kleinen 50-Seelen-Dörfern praktiziert wird.)

Was passiert, wenn man verliebt ist bzw. wenn man einen anderen Menschen von ganzem Herzen liebt? Ich möchte diese Frage jetzt nicht in aller epischen Tiefe beantworten, aber zumindest ein paar Informationen wären doch gut, um diese anscheinend weltumfassende Macht zu verstehen. Computer ist an, Suchmaschine mit den zwei „o" bereit und los gehts.

Die Vielzahl der Treffer ist überwältigend. Liebe ist eine Steigerung von Sympathie. Dazwischen gibt es noch das Gefühl des Verliebtseins. Klingt ziemlich romantisch. Da müssen wir wohl weitersuchen. Schauen wir mal bei Wikipedia: „Liebe (von mittelhochdeutsch „liebe", „Gutes, Angenehmes, Wertes") ist im engeren Sinne die Bezeichnung für die stärkste Zuneigung, die ein Mensch für einen anderen Menschen zu empfinden in der Lage ist. Der Erwiderung bedarf sie nicht."[1] Heißt, ich kann jemanden lieben, ohne dass er oder sie mich liebt, ebenfalls eine traurige Vorstellung und wahrscheinlich nicht der Sinn des Lebens. Der Rest klingt brauchbarer. Zuneigung für andere Menschen empfinden – das könnte vielleicht ein Ansatz sein.

Eine These: „Der Sinn des Lebens ist das Aufbringen von Zuneigung zu anderen Menschen (auch wenn sie das nicht erwidern)."

Klingt doch ganz sinnvoll und könnte mit meinem Namen in jede Zitatdatenbank aufgenommen werden. Irgendetwas fehlt mir da aber.

Was passiert aus Sicht der Wissenschaft, wenn man Liebe empfindet? Wo wir schon einmal bei Wikipedia sind, will ich das gleich herausfinden. „Verliebt sich ein Mensch, so sorgen verschiedene Botenstoffe für Euphorie (Dopamin), Aufregung (Adrenalin), rauschartige Glücksgefühle und tiefes Wohlbefinden (Endorphin und Cortisol) (umgekehrt können Momente, in denen man nicht mit der geliebten Person zusammen ist, als sehr schmerzlich bis hin zur Verzweiflung empfunden werden) und erhöhte sexuelle Lust (Testosteron sinkt bei Männern, steigt bei Frauen)."[2] Haben wir also belegt, dass beim Lieben auch biologisch etwas stattfindet. (Also nicht wir, sondern die Menschen allgemein.) Somit scheint es Liebe zumindest zu geben. Vielleicht denken Sie sich jetzt: Das ist doch klar, dass es das gibt. Aber ich stelle gerne alles infrage und gehe auf Demos, dazu kommen wir noch.

---

1 Wikipedia.de, in der Wikipedia ist eine Liste der Autoren verfügbar.
2 Wikipedia.de, in der Wikipedia ist eine Liste der Autoren verfügbar.

Können wir uns selber lieben? Ist das rein logisch möglich? Ich stelle mir die Situation auf dem Schulhof vor. Das süße Mädchen aus meiner 8. Klasse vom Anfang unseres Buches liebt den Kerl zwei Klassen über mir und erzählt es mir voller Stolz. Dabei will sie wissen, wen ich liebe. „Ich liebe natürlich zuallererst mich", antworte ich, damit hätte ich einen Platz auf der Auswechselbank beim Schulfußball sicher.

Sich selbst zu lieben, sich zu akzeptieren, seine eigenen Werte zu schätzen, klingt doch nicht falsch. Lieben Sie sich selbst? Die Frage ist jetzt keineswegs ironisch gemeint, sondern mein Ernst. Oder denken Sie, dass Sie es wert sind, dass jemand Sie liebt?

Wenn man sich mit diesen Fragen beschäftigt, gelangt man schnell zu der Erkenntnis, dass sich selbst zu lieben großen Einfluss auf das eigene Glücklichsein haben muss. Sie kennen sicher den Ausdruck „mit sich selbst im Reinen sein". Nur wenn man sich selbst liebt, kann man sich gut behandeln, und dass das grundlegend wichtig ist, da stimmen Sie mir hoffentlich zu. Außer natürlich Sie tragen einen Bußgürtel oder stehen auf andere Formen der Selbstbestrafung, die ich an dieser Stelle selbstverständlich nicht verurteilen möchte.

Sie merken selbst, dass Liebe scheinbar ein ziemlich tiefgehendes Thema ist. (Was für eine Erkenntnis, Felix.) Von daher wollen wir es zunächst dabei belassen und greifen den Gedanken später noch einmal auf. Erinnern Sie mich bitte daran. (Für die Leserinnen unter Ihnen, die sich das Buch nur deswegen gekauft haben: Liebe kommt definitiv noch mal vor.)

Hat es Ihnen bis hier gefallen? Dann kaufen Sie jetzt – später ist es sicher ausverkauft.

I

DIE ACHT SÄULEN DES GLÜCKLICHSEINS

———

Nachdem wir also ein paar Beispiele durchgegangen sind, haben wir auf der Suche nach der eigentlichen Lösung noch keine großen Fortschritte gemacht. (Ich hätte Motivationstrainer werden sollen.) Aber ich habe Ihnen Sonnenschein und den Schlüssel zu ewigem Glück versprochen, also auf in den Kampf.

Sind Sie jetzt im Moment glücklich? Genau jetzt? Ich finde manchmal ist das schwer zu beantworten, oder? Vor allem, wie will man das rational und objektiv bewerten? Vielleicht sollte man es auch gar nicht objektiv bewerten, weil wir letztendlich für uns und nicht für andere glücklich sind. Aber versuchen können wir es trotzdem mal, das Glück zu bewerten. (Sie bekommen im Laufe des Buches noch mehr Fragen gestellt, also schön aufpassen.)

Was kann einen Menschen glücklich machen? Sammeln wir mal: Also, da wäre, wie oben bereits angesprochen, auf jeden Fall der Punkt „Beruf/Karriere". Beruf sollte gleich Berufung sein, sagt man doch so schön. Dann gibt es natürlich den Punkt „Liebe/Beziehung", der Einfachheit halber setzen wir hier mal den Idealfall voraus, dass beides zusammenfällt. Die Familie sowie Freunde sind bestimmt auch wichtig. Oh ja, auch Gesundheit, weil sonst bringt mir das alles nicht viel. Dann vielleicht auch Geld, weil ein schöner Job heißt nicht zwangsläufig, dass wir genug Geld haben. Damit hätten wir in unserer modernen, europäischen Welt wahrscheinlich die meisten Bereiche abgedeckt. Da unser Buch aber allgemeingültig sein soll, fehlen definitiv noch Freiheit und Frieden, auch wenn wir die bei uns fast als gegeben voraussetzen können. Ich hoffe ich habe die wichtigsten Punkte zusammen. Als studierter BWLer muss ich alles in Listen packen:

· Beruf/Karriere
· Liebe/Beziehung
· Familie
· Freunde
· Gesundheit

- Geld
- Freiheit
- Frieden

Wenn wir also von alledem ausreichend in unserem Leben finden, müssten wir glücklich sein. Aber es kann auch sein, dass wir in einem dieser Bereiche glücklicher sind als in anderen. Also muss jeder dieser Punkte in sich auch irgendwie differenzierbar sein. Bevor es zu kompliziert wird, stellen wir uns die acht Punkte von oben mal als Säulen vor. (Jetzt ist richtig Vorstellungskraft gefragt.) Jede Säule kann bis zur Markierung „Zehn Punkte" gefüllt werden. Insgesamt gibt es also im Spiel des Glücklichseins 80 Punkte zu holen. Wenn Sie nun 70 Punkte bei Ihrer eigenen Bewertung erreichen, müssten Sie doch eigentlich glücklich sein, oder? Das sind immerhin fast 90 Prozent und das klingt doch recht gut, oder? Aber gut anfühlen tut es sich nicht. Warum?

1.
2.
3.
4.
5.
6.
7.
8.

Vielleicht, weil wir einzelne Bereiche wichtiger finden als andere. Wenn ich sterbenskrank bin, dann freue ich mich zwar über Menschen, die für mich da sind, aber ich würde sicher mein Geld und meine Karriere dafür opfern, dass ich wieder gesund werde. Also muss jeder für sich entscheiden, welche Säulen für ihn am wichtigsten sind. Schauen Sie sich doch anhand dieser acht Säulen Ihr eigenes Leben an und überlegen Sie, welche Reihenfolge Sie persönlich wählen würden.

Ich weiß nicht, ob ich meine hier auch reinschreiben darf oder ob ich objektiv sein sollte. Aber kennen Sie das Gefühl, wenn es in den Fingern kribbelt und Sie gegen jede Regel sind? Meine sieht so aus:

Ich habe nicht wirklich lange überlegt, sondern zehn Sekunden gebraucht, um die Reihenfolge festzulegen. Freiheit und Frieden sind dabei austauschbar, aber für mich die Grundlage, dass mir Gesundheit überhaupt etwas bringt. Gut, gesund im Gefängnis kann auch besser sein als

```
┌─── MEINE LISTE ───┐
│                    │
│  1. Freiheit       │
│  2. Frieden        │
│  3. Gesundheit     │
│  4. Liebe/Beziehung│
│  5. Familie        │
│  6. Freunde        │
│  7. Beruf/Karriere │
│  8. Geld           │
│                    │
└────────────────────┘
```

sterbenskrank im Bett, aber wir können nicht jede Eventualität abdecken. Liebe bzw. das Finden des richtigen Partners kommt als Nächstes. Waren Sie schon mal so richtig glücklich in einer Partnerschaft? Wenn man das Gefühl hat, man hat seinen Gegenpart gefunden und nichts anderes auf der Welt erscheint einem wichtig? Das gibt definitiv ein paar Punkte. Familie und Freunde sind nicht weniger wichtig. Aber woher kommt es, dass man Menschen, die einem wichtig sind, vernachlässigt, weil man viel Zeit mit seinem Partner oder seiner Partnerin verbringen will? Eben daher, dass diese eine Person in dem Moment vielleicht doch wichtiger ist, oder? (Meistens ist das Gott sei Dank nur am Anfang einer Beziehung so.)

Ein erfüllender Beruf ist mir wichtiger als Geld. Das soll nicht heißen, dass mir Geld nicht wichtig ist. Im Gegenteil, sonst würde ich auch dieses Buch nicht schreiben. (Ja, ich will Ihr Geld.) Aber in unserer Liste steht es für mich an letzter Stelle.

Jetzt vergeben wir mal ein paar Punkte – jeder für sich. Wenn Sie, wie ich, in einem Land leben, in dem kein Krieg oder Ähnliches herrscht, und Sie Ihre Zeit nicht in einer Drei-mal-Drei-Meter-Stahlzelle verbringen, können wir uns eigentlich bei den ersten beiden Säulen 20 Punkte geben. (Interessant auch, dass ich davon ausgehe, dass das Buch in mehreren Ländern verlegt wird.) Das ist ein sehr positiver Anfang. Für die anderen Säulen gehen Sie das Ganze selber durch. Seien Sie ehrlich zu sich selbst und bewerten Sie wirklich die Momentaufnahme. Nicht wie es gestern war oder vielleicht morgen sein wird – es zählt das Hier und Jetzt.

Fertig? Auf wie viele Punkte kommen Sie? Und, was ist jetzt gut und was schlecht? Erstellen wir uns doch, wie in den Treuetests der Zeitschriften, eine Bewertungsliste:

80–70 Punkte	sehr glücklich
69–60 Punkte	glücklich
59–50 Punkte	mehr oder weniger glücklich
49–40 Punkte	eher unglücklich
39–30 Punkte	unglücklich
29–0 Punkte	sehr unglücklich

Kommt das ungefähr hin? Sie können auch Ihre eigene Auswertung aufstellen. Meine ist doch recht anspruchslos.

Wenn Sie also jetzt im Bereich von 60 Punkten aufwärts liegen, sollten Sie an sich zufrieden sein, oder? Bei über 70 Punkten immer mit einem Lächeln durch die Welt laufen und bei 80 Punkten eigentlich jeden, der Ihnen entgegenkommt, umarmen. Machen Sie das? Irgendwie nicht, oder?

So schön unser Test auch war, und vielleicht verkaufe ich diesen auch an irgendeine Frauenzeitschrift, aber so recht funktionieren tut das Ganze nicht. (Das ist weder diskriminierend noch boshaft, sondern lediglich ein wenig frauenfeindlich.) Wenn ich mich selbst liebe, dann sind mir diese Säulen vielleicht egal? Aber reicht es aus, sich selbst zu lieben, um glücklich zu sein? Und wenn wir glücklich sind, haben wir dann den Sinn des Lebens gefunden und können uns zum Sterben auf einen Berg legen oder ist es unsere Aufgabe, an diesem Glücklichsein festzuhalten, dafür zu arbeiten und den Status quo zu erhalten? (Ich weiß, Sie wollen Antworten.)

Um das zu beantworten, wollen wir uns eine bestimmte Situation vorstellen. Sie erinnern sich vielleicht an Lutz, unseren smarten, verheirateten Mann, der jeden Morgen glücklich zur Arbeit fährt. Vielleicht erinnern Sie sich auch noch daran, was Lutz immer nach der Arbeit gemacht hat? Richtig, er hat auf dem Nachhauseweg immer ein paar Besorgungen gemacht. So begab es sich, dass Lutz auf seinem Heimweg einen Stopp beim Supermarkt eingelegt hat, um ein bisschen, sagen wir mal, Wurst und Käse für das Abendbrot zu kaufen. Wenn Sie lieber Tiefkühlpizza oder Ravioli zum Abendbrot essen, ändern Sie bitte die Geschichte entsprechend mit einem Stift direkt hier. Lutz war also im Supermarkt und hat alles eingekauft. Auf dem Weg zum Auto geht er an einem Zeitschriftenladen vorbei. Einer dieser typischen Zeitschriften-, Zigaretten-, Kiosk-, Lotto-Gemischtwarengeschäfte. Und Lutz überlegt sich ganz spontan Lotto zu spielen. (Die Geschichte endet definitiv nicht so, wie Sie es sich jetzt vorstellen.) Nach dem Ausfüllen des Lottoscheins fährt er gemütlich nach Hause und genießt mit seiner Liebsten das Abendbrot.

Pünktlich zu später Stunde, eigentlich liegen beide sonst schon im Bett, werden die Lottozahlen gezogen. Und, wie könnte es anders sein, Lutz und seine Liebste, nennen wir sie Lisa, haben sechs Richtige plus Zusatzzahl. (Lutz und Lisa, ich finde man merkt meine kreative Ader.) Also, die beiden sind nicht nur glücklich verheiratet, sondern jetzt auch noch reich. (Können Sie schon mal das Rattengift holen?)

Haben Sie sich schon einmal die Frage gestellt, was dann passiert? Muss Lutz das Geld mit Lisa teilen? Wie viel haben die beiden überhaupt gewonnen? Ich würde verrückt werden. Der Gewinn hängt, glaube ich, davon ab, wie viele Leute dieselben Zahlen haben. Können also 100.000 Euro oder bei einem vollen Jackpot auch mal 10 Millionen sein. Das weiß man abends noch gar nicht. Sitzt man dann die ganze Nacht vor dem Lottoschein? Morgens geht man dann ins Lottogeschäft und gibt dem mehr als vertrauenerweckenden Mitarbeiter einen Schein, der vielleicht mehrere Millionen wert ist und den er dann nachmittags bearbeiten will. Oder vielleicht doch lieber direkt bei der Lottogesellschaft anrufen, zwei Bodyguards organisieren und den Lottoschein kopieren? Fragen über Fragen. Im ersten Moment ist man wahrscheinlich mehr gestresst, als dass Zeit bleibt, sich zu freuen.

Lutz und Lisa rufen morgens bei der Lottogesellschaft an und erfahren, dass Sie 10 Millionen Euro gewonnen haben. Mein Großvater würde jetzt sagen, etwa 5 Millionen Deutsche Mark. Die Lottogesellschaft leitet alles in die Wege und wird auch persönlich dem Gewinnerpaar gratulieren. Woher ich das weiß? Fragen Sie sich einmal, woher ich die Zeit nehme, ein Buch über den Sinn des Lebens zu schreiben.

Jetzt kommen wir zu einer wirklich interessanten Frage: Was machen Lutz und Lisa mit 10 Millionen Euro? Haben Sie sich diese Frage schon mal gestellt? Ich würde sagen, dass wir das alle schon mal gemacht haben. (Wäre sonst auch langweilig.)

II

LIEBE UND FREUNDSCHAFT

———

Für mich persönlich kann der Moment, in dem man merkt, dass man Liebe empfindet, der schönste der Welt sein. Dieses eine Gefühl, wenn man spürt, dass die andere Person passt wie ein Puzzlestück. „Du vervollständigst mich" [3], ist ein Zitat aus einem meiner Lieblingsfilme. Eine andere interessante Passage, nicht aus dem Film:

„Das Leuchten erlischt. Die Zeit der Tränen. Unglaubliche Gefühle durchlebe ich. Ohne ein Lächeln verlässt sie den Raum, ohne ein nettes Wort geht sie dahin. Das Gefühl zerbricht meine Stille. Wohin geht es jetzt? Ohne sie, ohne alles. Für was? Für einen Flirt? Für ein bisschen Aufmerksamkeit, für ein oberflächliches Lächeln? Ist das alles? Mehr hast du nicht zu bieten? Das soll mich berühren, mich explodieren lassen? Darüber lache ich. Ich habe mehr erwartet als das. Deine Hände sind so zart, dein Lächeln unglaublich tief. Dein Ich ist für mich so weit weg und wird es immer sein. Meine Tage fliegen dahin. Die Stunden gehen vorbei. Gedanken an dich. Gedanken an einen Teil in mir, der lange schlief. Aber dieser Teil reicht dir nicht. Du willst Spaß, du willst Bestärkung in deiner Oberflächlichkeit. Ich gab sie dir. Ich legte dir meine Gefühle zu Füßen. Du trittst sie nicht, aber du siehst sie auch nicht. Ein Funkeln geht durch den Raum, wenn du meine Blicke erwiderst. Die Stimme wird schwach und doch spiele ich für dich den, den du vielleicht willst. Und macht mich das glücklich? Nein, denn das bin ich nicht. Es ist ein trauriges Gefühl. Es brennt in mir ganz fest. Ich dachte, du fühlst ähnlich, dachte, du fühlst das Besondere. Aber es ist auch für mich nur ein Gefühl. Ein Gefühl, das ich kenne, was aber immer irgendwann verschwindet. Ich drehe mich im Kreis. Nach einiger Zeit stehe ich wieder voller Hoffnung am Start und hoffe, dass es jetzt endlich anders wird. Aber es wird nicht anders. Es bleibt alles gleich. Ich hoffe, dass es passiert, und doch weiß ich nicht was. Eine Änderung, ein Engel, ein Gefühl, dass Liebe heißt."

Was geht Ihnen durch den Kopf, wenn Sie diese Zeilen lesen? Ich glaube, Liebe kann so stark sein, dass alles andere zur Nebensache wird. Und dann stelle ich mir immer die

---

3 Jerry Maguire, Regie: Cameron Crowe, 1996, USA.

Frage: „Wenn ich den richtigen Partner finde, ist dann alles andere egal und ich habe meinen Sinn des Lebens gefunden?"

Um damit ein wenig weiterzukommen, basteln wir uns noch mal eine kleine Bewertungsskala und verfallen für die nächsten Zeilen mal in die klassische geschlechterspezifische Rollenverteilung. Dabei bitte ich zu berücksichtigen, dass ich trotz aller Emanzipation ein Mann bin und sicher andere Bewertungskriterien heranziehe als eine Frau. Wir haben oben bei unserer Internetrecherche gelernt, dass es drei Stufen gibt:

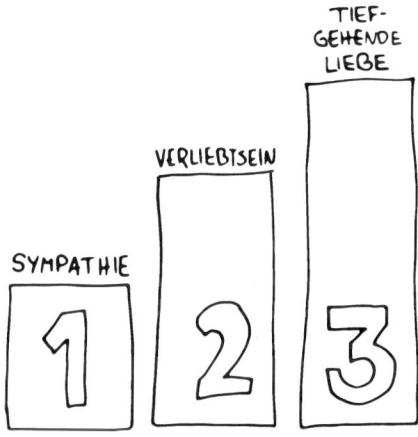

Um nicht direkt mit dem Schwierigsten anzufangen, beginnen wir mit Nummer 1: Sympathie. Ich bin also wieder bei der braungebrannten Traumfrau im Bikini.

Stellen wir uns Folgendes vor: Ein Mann, Anfang 30, lehnt locker an der Bar und unterhält sich mit Freunden über das gestrige Fußballspiel. Da betritt eine Gruppe junger Frauen den Raum. Sogleich treffen sich die Blicke des Mannes mit einer der Damen. Woran erkennt man nun, ob die Frau auf der anderen Seite des Raumes sympathisch ist?

Bevor wir überhaupt von Sympathie sprechen, muss doch eine Grundattraktivität vorhanden sein. Natürlich kann ein Mensch sympathisch sein, auch wenn er rein subjektiv nicht attraktiv ist. Aber ich möchte meine braungebrannte Bikinifrau und außerdem ist das hier mein Buch. Wie bewerte ich also Attraktivität? Das fällt mir leicht:

1. Gesicht
2. Körper
3. Besondere weibliche Körpermerkmale

Bitte machen Sie das auch. (Sonst passiert etwas Schlimmes.)

Klingt meine Liste oberflächlich? Also hallo! Es geht doch hier um Attraktivität! (Darf man Ausrufezeichen im Text verwenden?) Und wenn die schon nicht oberflächlich sein darf, was denn dann?

Das Gesicht ist so etwas wie die Symphonie. Ein Zusammenspiel aus leuchtenden Augen, schönen Zähnen, sinnlichen Lippen und allen anderen drei Millionen Faktoren, die unser Unterbewusstsein in kürzester Zeit bewertet.

Der Körper setzt sich ebenfalls aus mehreren Punkten zusammen. Ein schönes Gesicht macht noch keine gute Figur. Hier geht es um die Länge der Beine, aber auch um den Gang, die Breite der Hüften und ein paar andere jugendfreie Dinge.

Nummer 3 ist quasi der Joker und kann alles noch mal ändern. Ein interessanter Vorbau kann Defizite im Bereich Gesicht oder Körper ausgleichen. Gleiches gilt für den Po. Eine engsitzende Jeans lässt jede riesige Nase wie eine Stupsnase aussehen. (Für alle Leserinnen – gleich geht es auch um den Charakter.)

Natürlich gibt es noch andere Bewertungskriterien. Kleidung, Stil und Auftreten gehören dazu. Aber wir wollen es bewusst oberflächlich halten. Geben wir unserer Frau mal eine gute Acht auf der Zehner-Skala. Damit liegt sie sehr weit vorne, weil eine Zehn nur Megan Fox bekommt. (Ja, ich weiß, sehr oberflächlich. Ich stehe einfach auf natürliche Frauen.)

Nachdem wir die Frau nun attraktiv finden, wollen wir ihren Charakter kennenlernen und einschätzen, ob wir sie auch sympathisch finden. Natürlich gibt es auch andere Reihenfolgen und das Kennenlernen des Charakters ist für manches nicht zwingend notwendig, aber wir wollen hoch hinaus auf unserer Liebesleiter und da gehört auch der Charakter dazu.

Woraus besteht der Charakter überhaupt? Intelligenz, Humor, Feingefühl oder Sprachgebrauch? Die Liste kann eigentlich endlos fortgesetzt werden. Wir überspringen mal das eigentliche Ansprechen, denn das ist hier kein Flirtratgeber.

Die beiden haben sich also kennengelernt. Beide finden sich sympathisch. Ist das Äußere jetzt Grundvoraussetzung, um auf der Leiter zu Stufe 2 zu kommen oder geht das auch gänzlich ohne?

Da wir uns dazu entschieden haben, eher die etwas einfachere Rolle einzunehmen, finden wir also sowohl das Aussehen ansprechend als auch den Charakter sympathisch. Wie kommen wir also mit diesen guten Grundvoraussetzungen zu Stufe 2 „Verliebtsein"? Sie kennen sicher viele Menschen, die Sie sowohl innerlich als auch äußerlich attraktiv finden, aber wenn Sie in alle verliebt wären, wäre das zwar eine lustige Vorstellung, auf Dauer jedoch wohl eher problematisch. Irgendwas passiert also mit uns, wenn wir diesen Schritt zu Stufe 2 machen. Ist es das Besondere, das sich mit Worten nicht beschreiben lässt, oder sind es doch ganz banale Dinge? Ich stelle mir eine Hollywood-Schönheit vor, die einen tollen Charakter hat. Dabei kann ich entscheiden, was diesen tollen Charakter für mich ausmacht. Sei es ihre Warmherzigkeit, ihr Humor oder ihre Intelligenz. Das bleibt völlig uns selbst überlassen. Somit haben wir tolles Aussehen und einen tollen Charakter, wenn ich jetzt noch offen für Empfang bin, das heißt, dass ich gerade nicht anderweitig verliebt bin, stehen die Chancen doch ganz gut, dass ich mich zumindest verlieben könnte. (Natürlich denken jetzt alle Leserinnen, dass Männer immer auf Empfang stehen – es sei Ihnen gegönnt.)

Waren Sie schon in jemanden verliebt, mit dem Sie noch nie gesprochen haben, oder können Sie sich vielleicht vorstellen, wie blinde Menschen Liebe empfinden? Es geht also auch nur mit einer der beiden Komponenten, aber vielleicht muss jede dann noch mehr überzeugen.

Zurück zur Geschichte: Die beiden finden sich bereits attraktiv und haben sich nach vielen Gesprächen, um es etwas tiefgründiger wirken zu lassen, ineinander verliebt. Es sind wirklich beide verliebt, die Situation, dass es auch funktioniert, wenn nur einer verliebt ist, hatten wir bereits oben als möglich beschrieben.

Unsere beiden süßen Turteltäubchen sind also total verliebt und verbringen so viel Zeit miteinander, wie es nur möglich ist, bis er dann aber Bettina kennenlernt. (Das war nur ein Witz, Entschuldigung.) Die beiden gehen zusammen essen, lernen sich in verschiedenen Lebenslagen besser kennen und reden, reden, reden. („Reden" dürfen Sie auch durch ein anderes aktives Verb ersetzen.)

Was muss jetzt passieren, um von Stufe 2 auf Stufe 3 zu kommen? Passiert das von alleine oder muss man was dafür tun? Ich glaube, dass man etwas dafür tun muss, aber es nicht bewusst tut. (Mir fällt gerade auf, dass ich viel zu wenig meine eigene Meinung kundtue und Sie stattdessen immer alles frage, das werde ich jetzt mal ändern.) Wenn man das in dem Gegenüber findet, was man in seinem Inneren bewusst oder unbewusst gesucht hat und auch alle anderen Faktoren stimmen, besteht die Chance, dass Sie jemanden lieben können. Wobei Liebe für jeden etwas anderes ist. Manche Paare sagen sich das nach zwei Tagen, andere erst nach einem Jahr und manche vielleicht nie.

Etwas Besonderes sollte es aber immer sein. (Ich hoffe, mit dieser Bemerkung habe ich die Leserinnen zurückgewonnen.)

Da es bei unserer kleinen Geschichte nur um diese drei Stufen ging, müssen wir sie hier leider beenden. Das Ende dürfen Sie sich ausnahmsweise selber aussuchen. Glücklich bis ans Lebensende, eine rachsüchtige Ex-Freundin oder ein tragischer Unfall. Lassen Sie Ihre Fantasie spielen.

Was haben wir gelernt? Unsere Frage war, ob Liebe oder Liebe zu schenken der Sinn des Lebens ist. Für die beiden Protagonisten unserer Geschichte ist das Finden des anderen und die gemeinsame Zeit sicher ein großer Antrieb in ihrem Leben. Aber wie sieht es mit anderen zwischenmenschlichen Beziehungen aus, denn nicht jeder hat das Glück, einen Menschen zu finden, den man liebt bzw. der die Liebe erwidert. Manche Menschen bleiben ihr ganzes Leben lang alleine, welche grauenvolle Vorstellung und doch eine Tatsache.

Wir haben uns oben in unserer Liste des Glücklichseins schon mit dem Thema Freundschaft beschäftigt. Neben der Liebe zu einem Menschen des anderen oder des gleichen Geschlechts sind das wohl die am tiefsten gehenden Bindungen, die man eingehen kann. Also setzen wir unsere Gedanken hier fort.

Ich denke, jeder definiert Freundschaft anders, und rückblickend würde ich für mich sagen, dass Freundschaften in jedem Lebensalter etwas anderes für mich bedeutet haben. Aber fangen wir vorne an:

Mit drei Jahren war mein bester Freund nicht der Schokopudding, denn der war ja manchmal leer und dann hätte ich ohne dagestanden, sondern ein Tuch namens Nunu. (Warum es nur ein Tuch und kein richtiges Stofftier war, weiß ich nicht, aber das geht Sie auch nichts an.) Nunu war also mein ständiger Begleiter und sah natürlich dementsprechend aus. Wir verbrachten Tag und Nacht zusammen und waren einfach unzertrennlich. Leider wurde Nunu aber immer kleiner, weil ich daran zog und manchmal auch wirklich tiefgehende Diskussionen mit Nunu führen musste. So ein Tuchfreund kann ziemlich stur sein. Wir waren immer zusammen, schliefen zusammen ein, wenn wir müde waren, und schmierten alles mit Schokopudding voll. Diesen Abschnitt nenne ich Zweisamkeit.

Irgendwann war Nunu leider nur noch so groß wie ein Post-it und hatte etwa 90 Prozent seiner Größe eingebüßt. Auch nervte es mich, dass Nunu keine eigene Meinung hatte und die einseitigen Diskussionen wurden mir zu langweilig. Goodbye Nunu, Ruhe in Frieden. Ein neuer bester Freund musste her: Mima.

Mima wohnte gleich nebenan. (Praktisch, da ich mit meinem Bobbycar und einem Fahrrad mit Stützrädern auch nicht weit gekommen wäre.) Jeden Tag haben wir zusammen verbracht. Unser Lieblingsort war der Wald. Natürlich vor allem deswegen, weil niemand sehen konnte, was wir hier gemacht haben. So entdeckten wir irgendwann eine überhängende Schlucht mit lauter verwinkelten kleinen Eingängen und Bäumen, auf denen man klettern konnte. Hier verbrachten wir gefühlt zehn Jahre. Rückwirkend ist das, glaube ich, auch der Grund, warum ich die Natur so mag. Wir haben uns eigene Sitze in die Erde gegraben und endlos Proviant und Werkzeuge hochgeschleppt. Irgendwann hatten wir sogar eine tragbare Leiter, die wir mit Haken überall befestigen konnten. Das führte natürlich dazu, dass wir auf jede Garage und jedes Flachdach klettern konnten. In unserer kleinen Stadt waren wir richtig bekannt und vielleicht wegen dem Krach sogar ein wenig gefürchtet. In dieser Zeit haben wir gefühlt hundert Tiere im Wald gerettet. Eine Taube mit hinkendem Bein, ein Kaninchen ohne Mutter und so weiter. (Das mit dem Kaninchen klingt doch wirklich süß.) An einem Tag, da waren wir vielleicht zehn Jahre alt, hängten wir unsere Leiter an ein Vordach, um in ein vermeintlich leerstehendes Haus oder besser in den dahinterliegenden Hof zu klettern. Dort angekommen entdeckten wir eine offenstehende Eingangstür und eine alte Treppe, die in einen Keller hinunterführte. (Das klingt für Sie vielleicht ein wenig nach Einbruch, aber in dem Moment wollten wir weder etwas stehlen noch etwas beschädigen, sondern eher à la 007 und 008 unser Umfeld erkunden.) Wir stiegen die Treppe runter und standen in einem riesigen Kellergewölbe mit gefühlt zwei Millionen Flaschen Wein. Wir hatten uns natürlich mit zehn Jahren einen anderen Schatz als Weinflaschen gewünscht, aber nun gut – Schatz ist Schatz. Daraufhin sind wir nach Hause gegangen. Natürlich nicht, denn auch mit zehn Jahren weiß man, was Wein ist, und so haben wir uns eine Flasche geliehen. Dabei haben wir natürlich darauf geachtet, dass es eine sehr billige ist. Wir hatten keine Ahnung von Wein und haben einfach eine ganz alte genommen. Rückwirkend war es wahrscheinlich die teuerste, aber das wussten wir nicht. (Sollte sich der Eigentümer der Flasche melden, möchte ich mich hiermit entschuldigen und biete zwei Flaschen zum gemeinsamen Trinken als Wiedergutmachung an.) Mit der Flasche bewaffnet suchten wir uns einen geeigneten Platz. Zu Hause konnten wir das natürlich nicht trinken, und so geht's in den Wald zu unserer Schlucht. Dort angelangt erkannten wir, dass wir keinen Weinöffner hatten, welche laienhafte Vorbereitung. So besorgten wir uns einen Stein und schlugen den Kopf der Flasche ab. (Die Glassplitter habe ich, glaube ich, noch im Bauch.) Mima und ich tranken die komplette Flasche leer. Das klingt für heutige Verhältnisse vielleicht nicht viel. Aber ohne jede Erfahrung mit Alkohol eine halbe Flasche schweren Rotwein im Alter von zehn Jahren zu trinken – es hat uns aus den Socken gehauen. Mein Gott waren wir betrunken. Das alles zog sich über Stunden. Irgendwann, es war schon spät, sind wir dann nach Hause getorkelt. Still und leise ab ins Bett und einfach nur schlafen. Von diesen Abenteuern könnte ich Ihnen hunderte erzählen. Diesen Abschnitt nenne ich Gemeinsamkeit. (Vielleicht schreibe ich darüber ein eigenes Buch.)

Wie es leider oft mit Jugendfreundschaften ist, kamen irgendwann die Pubertät, die weiterführende Schule und unterschiedliche Interessen. Aus Mima und mir wurden zwei verschiedene Paar Schuhe und wir verloren uns zunehmend aus den Augen.

Es verging eine ganze Zeit, in der ich wirklich viele Freunde hatte, von denen aber keiner geblieben ist. Mit etwa 18 Jahren war aber die Zeit reif für ein neues Kapitel.

Für die letzten zwei Schuljahre wechselte ich die Schule, weil es sonst mit dem Abitur nichts geworden wäre. (Bei meinem Schreibstil haben Sie sich sicher gefragt, ob ich überhaupt einen Schulabschluss habe.) In der neuen Klasse wurde ich von allen Seiten begutachtet. Mit ausreichend Selbstbewusstsein ausgestattet setzte ich mich in die letzte Reihe, wo meiner Meinung nach die coolen Jungs zu finden waren. Eine Reihe vor mir saß ein Junge mit Pferdeschwanz, der gerade sein zehntes Butterbrot aß, alle fein säuberlich eingepackt in weißem Brotpapier.

Nun kannte ich in der Klasse niemanden, aber wie es oft ist, lernte ich genau diesen Jungen mit Pferdeschwanz kennen und das stellte sich als Glücksfall heraus. Zusammen besuchten wir jede nähergelegene Party und diskutierten teilweise stundenlang bei Bier und Chips über Gott und die Welt. Matze und ich waren ein Team und das schon nach ein paar Wochen. Irgendwann fiel dann auch der Pferdeschwanz, was uns das Kennenlernen von Mädchen erheblich erleichterte. (Der Pferdeschwanz wurde selbstverständlich aufgehoben und liegt wahrscheinlich heute noch in der Schreibtischschublade.) So begab es sich, dass wir an einem unserer Abende ein Mädchen unserer Schule trafen, von der Matze schon häufiger erzählt hatte: „Die Braut will ich."

Das ist jetzt schon eine Ewigkeit her und wir sind immer noch Freunde. Matze und seine Braut sind inzwischen verheiratet und haben Kinder. Ich war sogar ihr Trauzeuge und das trotz meiner nicht vorhandenen christlichen Bildung. Dieser Abschnitt heißt Ewigkeit.

Drei kleine Geschichten über Freundschaften in meinem Leben. Sie können sicher auch solche Geschichten erzählen, oder? Irgendwie denke ich gerne daran zurück, weil es das nur selten gibt. (Vielleicht sollte ich noch ein paar Witze einbauen, aber manchmal passt das einfach nicht.)

Leider gibt es natürlich auch viele andere Beispiele. Freundschaften, gerade zwischen Jungs, sind oft geprägt von Neid, Rivalität und Missgunst. Ich weiß nicht, wie viele Jungs ich rückwirkend kennengelernt habe, deren Freundschaft keine Freundschaft war, und die man gemeinhin als „falsch" bezeichnen würde. Ob ich immer ein guter Freund war? Sicher nicht.

Ich bin leider sehr vorsichtig mit dem Begriff „Freundschaft", was nicht unbedingt daran liegt, dass ich enttäuscht wurde oder so, sondern weil mein eigener Anspruch mir zeitweise selbst sehr hoch vorkommt. Wenn Sie generell recht anspruchsvoll mit der Menschheit sind, dann sollte man das doch auch mit seinen Freunden sein, oder? Aber hier habe ich ein paar Erfahrungen gemacht, die Ihnen vielleicht helfen.

Wie gesagt, ich bin eher von der anspruchsvollen Sorte und könnte locker eine Liste mit hundert Punkten erstellen, die mir bei einem Freund wichtig sind. Im Prinzip habe ich Freunde früher genau danach ausgewählt. Wie eine Art Checkliste, die ich in meinem Kopf abhake. Und genau hier habe ich eine ganz besondere Erkenntnis erfahren (Klingt, als hätte Gott zu mir gesprochen). Der Anspruch an andere Menschen kann auch zu hoch sein, weil ich lege die Messlatte für andere Menschen ja so hoch und zwinge sie darüber zu springen. Ob das so fair ist? Betrachten Sie das wirklich mal aus dieser Sichtweise. Ich finde das öffnet einem ein wenig die Augen. „Ich bin nun mal so anspruchsvoll, Felix." Ja, das mag sein, aber dieses „Anspruchsvolle" haben Sie doch selber definiert. Wenn Sie keine Bereitschaft haben an Ihren eigenen Ansprüchen zu arbeiten, warum sollte der andere Lust haben, sie zu erfüllen. Gerade in einer Freundschaft sind Kompromisse wichtig.

Ich habe Freunde, mit denen kann ich abends gut rausgehen, mit anderen toll über den Job sprechen und wieder andere hören sich alle meine Probleme an. Natürlich ist es toll, viele Freunde zu haben, die alle diese Ansprüche erfüllen, aber ich glaube dann verschenkt man einfach eine Menge Zeit mit Suchen. Ich freue mich, mit einem Freund zum Fußball zu gehen, zusammen feuern wir die Mannschaft an, die Bratwurst muss dennoch immer ich bezahlen. Sollte ich jetzt nicht mehr mit ihm hingehen? Ich sage es ihm zweimal und bringe ihm beim dritten Mal keine mehr mit. Wenn er dann immer noch so ist, muss ich mich entscheiden, einen tollen Fußballtag mit 2 Euro Mehrausgaben zu haben oder eben zu Hause zu bleiben.

Wir haben also Freunde mit besonderen Eigenschaften. Wenn Sie das so betrachten, haben Sie ein eigenes kleines Superteam mit vielen tollen Eigenschaften, die zu Ihnen und Ihrer jeweiligen Situation passen. (Ein bisschen „Chaka" kommt hoffentlich rüber).

Natürlich sollten Sie nicht für alles Verständnis haben, das habe ich auch nicht. Es gibt bestimmte Eigenschaften, die ich bei Freunden nie akzeptieren würde. Ich nenne die immer „Totmacher". Ich weiß, dass Wort ist vielleicht ein bisschen hart, aber ich rede nicht von Ansprüchen, sondern von Prinzipien. Und ja, es gibt viele Menschen, die diese Prinzipien nicht haben und so auch niemals mein Freund sein werden. Aber es gibt so wahnsinnig gute Menschen da draußen. Machen Sie sich auf die Suche. Halten Sie die Augen offen. So oft sehen wir das, was am nächsten liegt, nicht, bis es vielleicht zu spät ist. (Das war jetzt schon ziemlich rührselig.)

Was verbindet Sie mit den Menschen, mit denen Sie sich umgeben und die Sie Freunde nennen? Teilen Sie dieselben Interessen oder gibt es einfach viele Gemeinsamkeiten? Einer meiner besten Freunde ist das komplette Gegenteil von mir. Yin und Yang wäre da schon untertrieben, aber ich würde diese Freundschaft nie missen wollen, weil er in dem, wie er ist, einfach ein ganz toller Mensch ist. Vielleicht haben Sie auch solche Freunde.

Ich habe aber auch viele andere Erfahrungen gemacht, über die es mir fast schwer fällt zu schreiben. Freunde aus der Schulzeit habe ich eigentlich fast keine mehr. Auch aus dem Studium ist eigentlich keiner geblieben. Und hier möchte ich Ihnen meine zweite Erkenntnis mit auf den Weg geben, auch wenn die sicher hart klingt: „Meistens liegt es an Ihnen."

Führen Sie sich mal die Freundschaften vor Augen, die guten, die Sie heute nicht mehr haben, die zerbrochen sind. Gründe dafür gibt es viele. Umzug, Entfremdung, ein großer Streit – die Liste könnten wir ewig weiterführen. Ich hätte gerne einige davon rückwirkend gerettet. An manche Freunde denke ich zurück und hoffe, dass es dem Menschen gut geht. Nicht weil ich so ein sympathisches Kerlchen bin, sondern weil ich weiß, was der Mensch für mich alles getan hat. Leider hatte ich die Erkenntnis oft viel zu spät und habe mich vielleicht auch nicht mehr getraut, aktiv etwas zur Rettung beizutragen. Das ist rückblickend einer meiner größten Fehler gewesen. Menschen, die ein Leben lang an meiner Seite hätten sein sollen, sind nicht mehr da. Vielleicht ist das bei Ihnen auch so oder vielleicht waren immer die anderen Schuld und Sie haben immer alles dafür getan. Dann, lieber Leser und liebe Leserin, sind Sie entweder Jesus oder haben einen Sockenschuss.

Natürlich sind viele Freunde nicht das ganze Leben an der eigenen Seite. Oft verändern wir uns so massiv, dass die Freundschaft nicht mehr hinterherkommt, aber dann: Drehen Sie sich um und reichen Ihrem Freund die Hand und nehmen ihn mit, wenn er es wert ist. Am Ende erreichen Sie Ihr Ziel, blicken zur Seite und haben das Beste aus der Vergangenheit in die Zukunft mitgebracht. 2:0 für Sie.

In vielen Gesprächen erzählen mir Freunde, aber auch Kunden, dass sie Schwierigkeiten haben, neue Leute und damit zwangsläufig auch Freunde kennenzulernen. Das kann ich total nachvollziehen. Niemand spricht auf der Straße einen Fremden mit dem Satz „Hey Kumpane, magst du mein Freund sein?" an. Ich glaube, das würde ungewöhnlich wirken. Wie lernt man dann bitte neue Freunde kennen, Herr Autor? (Ich liebe es, wenn Sie mir den Ball zuspielen.)

Nachdem es gefühlt eine Millionen Portale gibt, bei denen wir den Partner fürs Leben kennenlernen können, ist das Kennenlernen bei Freundschaften ein wenig schwieriger. Aber wir wollen was bewegen und keine depressiven Verstimmungen hervorrufen. Um neue Leute kennenzulernen, verwende ich das einzigartige, nicht patentierte NKKA-System.

N	neue
K	Kumpanen
K	kriegst du mit
A	Aktion

Ich bin mir ein wenig unsicher, ob ich beim zweiten „K" so viele Wörter unterbringen darf. Aber sonst wird das einfach zu lang. Ich werde Ihnen selbstverständlich dieses glorreiche System erklären. Nach hundert Therapiesitzungen mit Freunden – männlich und weiblich – habe ich nämlich herausgefunden, dass es vielen Leuten so geht und sie sich ein bisschen einsam fühlen. Wenn es also vielen Menschen so geht und viele Menschen auf der Suche nach Freunden sind, warum gibt es dann überhaupt ein Problem? Nun, wir sind zunehmend alte Meckerfritzen geworden, die leider nicht wirklich viel tun, um das auch effektiv zu ändern. Wenn Sie also mehr, andere oder neue Freunde suchen, dann müssen Sie zwangsläufig aktiv werden. Das Warten auf das klingelnde Telefon hat noch nie viel gebracht. Sie können sich zum Yoga-Kurs anmelden oder anfangen, Schach zu spielen und sich mit den reifen Jungs im Park treffen. Begeben Sie sich dahin, wo viele Menschen sind, versuchen Sie, offen zu sein, sprechen Sie im schlimmsten Fall jemanden an und verabschieden Sie sich vor allem von der Vorstellung, dass Sie die einzige Person sind, die das macht, weil Sie sind der oder die, der oder die es wagt, während die meisten anderen den Mut vielleicht niemals hätten. Das Leid teilen viele, aber nur wenige reiten mit der Lanze voraus in Richtung Horizont. (Na gut, das klingt ein bisschen doppeldeutig.)

Sie dürfen natürlich auch mit dem anderen Geschlecht befreundet sein. Wenn Sie jetzt einwerfen, dass es Freundschaft zwischen Männern und Frauen nicht gibt, dann gebe ich Ihnen absolut Recht. Wenn Sie aber meinen, dass Freundschaften zwischen Männern und Frauen sehr wohl funktionieren können, stimme ich Ihnen absolut zu. (Ich bin eine ziemlich doppelzüngige Schlange.) Nein, mal ehrlich. Meine Meinung: Warum soll das nicht gehen? Weil man sich sofort in jeden verliebt nur, weil er vom anderen Geschlecht ist? Das halte ich für Unsinn. Aber eine Einschränkung gibt es schon: Wenn ich mit einer Frau lange und gut befreundet bin und merke, wie wichtig sie mir ist, dann kann das auch kippen. Kippen zu der Seite, wo ich mehr will als Freundschaft. Aber was ist daran schlecht? Es gibt doch nichts Schöneres als jemanden lange zu kennen, ihm oder ihr zu vertrauen und dann zu merken, dass das mehr als nur Freundschaft ist. Kein Risiko, sondern vielleicht die Chance auf mehr.

Ja, eventuell werden die Gefühle dann nicht erwidert und Sie tanzen alleine den Frühlingstanz, während Ihre Angebetete sich mit Ihrem besten Freund vergnügt. Yolo und so, ne.

Was das jetzt mit dem Sinn des Lebens zu tun hat? Nun, ich habe mich in keinen meiner Freunde verliebt. Ich habe nichts gegen gleichgeschlechtliche Partnerschaften, aber für mich ist das nix. Aber ich glaube, manchmal kann der Weg zur großen Liebe auch über eine Freundschaft führen, dann macht es nicht sofort peng, sondern vielleicht erst später. Aber ich glaube auch, dass jede große Liebe davon geprägt ist, dass der Partner ein Freund ist und eben nicht nur Liebhaber. Sehen Sie das anders?

Jetzt habe ich meine eigene Frage nicht beantwortet. Freundschaft ist eine unserer oder zumindest eine meiner Säulen, denn Freunde können das eigene Leben unendlich wertvoll machen, so dass es außer Frage steht, dass dieses Gefühl und das gemeinsame Genießen einzigartiger Momente ein Teil unseres Sinns sein können.

FREIE AUSWAHL

———

Viele Menschen empfinden eine Leere in sich und die Trauer wird durchgehend unterdrückt – kein besonders schöner Zustand. Oft fehlen Bezugspersonen, mit denen man darüber reden kann, und wenn man doch welche hat, können sie die Frage nach dem Sinn des Lebens auch nicht einfach beantworten. (Wenn Sie einen seichten Liebesratgeber erwartet haben, dann sooorrrrrryyyy.)

Wir sind hier auf der Welt und wissen nicht genau, warum. Wow, gute Voraussetzung. Gut, wir könnten uns fortpflanzen. In manchen biologischen Theorien gilt das schlussendlich als der Sinn unseres Lebens. Nicht, dass Fortpflanzung nicht interessant wäre, aber jetzt jeden Tag wie die Karnickel aufeinander rumhüpfen? Das wäre auf Dauer nicht wirklich erfüllend, oder? (Wobei, ein oder zwei Jahre würde man das vielleicht aushalten.)

Bei vielen Menschen wird das Leben nur von Zwängen und Selbsterhaltung bestimmt. Das Gefühl kommt manchmal auch bei mir vor. Das äußert sich dann wie folgt:

Das Leben besteht aus vielen kleinen Projekten. Projekt 1: neuen Herd kaufen, Projekt 2: Angebot für Kunde A fertigmachen, Projekt 3: Einkaufen gehen.

Dabei gibt es größere und kleinere Projekte. Auch das Schreiben dieses Buches ist quasi ein Projekt. Und wenn es fertig geschrieben ist, muss ein neues Projekt her.

Was einem dabei manchmal fehlt, ist der Blick für das große Ganze. Das, was einen wirklich vom tiefsten Inneren her antreibt. Ein Projekt, das immer da ist und was alles andere in den Schatten stellt. Heute nennt man das wahrscheinlich sein persönliches Why.

Wenn man keinen Sinn in seinem Leben sieht, besteht natürlich die Gefahr für Depressionen und im schlimmsten Fall sogar Suizid. Das soll selbstverständlich nicht der Sinn dieses Buches sein. Also schnell weg von all dem Negativen und hin zu der Suche nach etwas Positivem in der ganzen Problematik.

Wir haben oben über Frieden und Freiheit gesprochen. Wenn ich annehme, dass Sie in einer Gesellschaft leben, in der die Menschen frei leben und Frieden herrscht, dann sind Sie in der Wahl Ihres Lebenssinns erst mal größtenteils frei. Diese Tatsache ist doch gut. Ach, was sage ich, hervorragend. Sie können sich den Partner zumindest selber aussuchen und frei wählen. Ich glaube, uns ist manchmal gar nicht bewusst, welches Glück wir haben, frei wählen zu können. Natürlich sind uns Grenzen gesteckt durch Geld, körperliche und geistige Fähigkeiten etc., aber die Auswahl bleibt trotzdem riesig.

Wir stehen also vor einer riesigen Losbude und haben gerade das Los „Freie Auswahl" gezogen. Darüber sollten wir uns freuen. Keiner, der Ihnen vorschreibt, was Ihr Sinn sein soll oder wie Sie Ihr Leben zu führen haben. Das Tolle daran ist, Sie können sich entweder irgendetwas von den Preisen der Losbude aussuchen oder Sie denken sich etwas Eigenes aus – das bleibt Ihnen überlassen.

Es gibt in dem Zusammenhang ein schönes Zitat: „Wer ein Warum zu leben hat, erträgt fast jedes Wie." [4] Ein Satz von jemandem, der im Konzentrationslager war und dessen halbe Familie dort ermordet wurde.

Es geht vielleicht genau um dieses Warum, um den tieferen Sinn in unserem Leben. Um das, was uns antreibt, beflügelt, stark macht, eben das Leben lebenswert macht. Wenn ich überlege, was mich wirklich antreibt, dann sind das doch recht egoistische

---

4   Viktor Frankl, 26. März 1905 – 2. September 1997.

Triebe. Dinge, die ich mir selber wünsche oder die mich auf die eine oder andere Weise befriedigen. Aber da gibt es noch eine andere Seite. (Geheimnisvoll, oder?)

Wir wissen nun, dass wir den Sinn des Lebens zumindest frei wählen können. Mit diesem positiven Grundgedanken und der dadurch gewonnenen Euphorie wollen wir uns mit dem Thema Selbstbefriedigung befassen. Selbstbefriedigung aber nicht im sexuellen Sinne (auch wenn das Kapitel dann sicher interessant wäre), sondern im Sinne der Befriedigung von Bedürfnissen.

Welche Arten von Bedürfnissen haben wir denn eigentlich, und wie können wir diese befriedigen? (Mich verwirrt es gerade selbst, dass ich immer wieder den Begriff „Befriedigung" verwenden muss.)

Es könnte ja sein, dass der Sinn des Lebens darin besteht, einfach das zu tun, was man selber will, also sich selbst zu verwirklichen, ohne Rücksicht auf andere oder irgendetwas zu nehmen. Spielen wir das doch mal ein wenig durch:

Ich mache also den lieben langen Tag immer das, was ich will. Ich habe keine Lust zu arbeiten, also gehe ich nicht hin. Ich will im Supermarkt auch nicht bezahlen, geschweige denn mich in eine Schlange stellen, also bezahle ich nicht. Das könnte ich jetzt beliebig fortsetzen. Machen Sie das bitte mal.

Stellen Sie sich vor, es gäbe keine Regeln oder irgendwas anderes, was Sie einschränkt. Sie könnten machen, was Sie wollen. Jeder könnte machen, was er will. Wir haben eine totale Anarchie. Es gibt keine Gesetze oder Ähnliches. Es gäbe natürlich auch keine Ampeln, wahrscheinlich würde auch keiner mehr im Supermarkt arbeiten wollen und tanken wäre wahrscheinlich auch nicht möglich. Aber ansonsten könnte ich den ganzen Tag durch die Gegend schlendern. Ok, vielleicht wären nachher ein paar Straßen zugewachsen oder nicht mehr befahrbar, aber ich habe eh kein Auto mehr, weil es sich jemand anders geliehen hat und vergessen hat, es zurückzubringen. Meine

Wohnung bewohnt mittlerweile eine seltsame Gruppe, aber dafür kann ich mir jetzt beim Nachbarn Kirschen vom Baum klauen. Ich weiß, klingt im ersten Moment alles sehr unsinnig. Es wäre wahrscheinlich das totale Chaos, aber für eine Sache sind die Gedanken gut:

Wieso ist die Welt so, wie sie jetzt ist? Ich möchte keine Grundsatzdiskussion anfangen und gleich mit Ihnen Socken häkeln, die Frage ist ernst gemeint. Stellen Sie Dinge infrage? Nicht nur, ob etwas richtig oder falsch ist, sondern ob es überhaupt eine Daseinsberechtigung hat. Ich weiß, man kann alles infrage stellen, und wenn man das macht, dann gibt es zu viele Variablen und bei mehr als einer Variablen gibt es diese Variablenproblematik aus der Schule. Aber ich finde den Gedanken ziemlich verführerisch und will hier noch weiterbohren.

Warum müssen wir überhaupt arbeiten? Darauf habe ich früher immer die Antwort bekommen: „Das ist einfach so, Felix." Sorry, nichts ist einfach so. Warum auch? Hat Gott oder wer auch immer die Welt erschaffen, damit wir jeden Tag vor einem Kasten sitzen und auf einem Ding, das Tastatur heißt, Buchstaben drücken? Was ist ein Computer? Warum gibt es eine Tastatur? Und was sind überhaupt Buchstaben? Das sind alles von Menschen festgelegte Dinge, die nur deswegen da sind, weil die Mehrheit aller Menschen diese Produkte und ihr Dasein akzeptiert. Das bedeutet jetzt nicht, dass Sie morgen kündigen sollen, aber für den weiteren Verlauf des Buches ist die Erkenntnis, dass die meisten Dinge, Regeln und Werte von Menschenhand geschaffen wurden, wichtig. Und was Menschen erschaffen, können Menschen auch wieder ändern. (Ich verwende hier bewusst den Begriff „ändern". Nicht dass Sie mir noch loslaufen und irgendwas kaputt machen. Wir wollen hier keineswegs eine religiöse Sekte gründen. Es sei denn, ich werde der Anführer.)

Ich stehe morgens auf und frage mich, was der Tag bringt und habe eine Vielzahl von Gedanken im Kopf. Du musst das tun und das, und das. Einige Jahre später wird mir bewusst, dass ich vieles getan habe, was ich tun musste, aber wenig, was ich wirklich tun wollte. Hier ist doch irgendwas falsch, oder? Ein Leben sollte nicht aus Zwängen bestehen und manchmal bekommt man den Eindruck, dass eben diese Zwänge Überhand nehmen. Im Hedonismus verrechnet man Lust und Unlust, zieht einen Strich darunter und schaut dann, ob das Ergebnis positiv oder negativ ist. (Ich bitte alle Philosophen meine Stammtischphilosophie zu entschuldigen.) Wenn ich ein positives Ergebnis habe, bin ich dann glücklich? Woher kommt bitte überhaupt der Begriff „Unlust"? Sollte es nicht nur Lust geben? Oder kann ich Lust nur dann empfinden, wenn ich Unlust kennengelernt habe? (Mein Gott, das ist alles kompliziert.)

Am liebsten würde ich jetzt mit Ihnen auf irgendeine Demo gehen. Ich habe gerade Lust, gegen irgendetwas zu sein. Irgendwie hat sich so viel verändert seit der Zeit, als es nur mich und den Pudding gab.

„Wie süß, der Kleine möchte gerne Archäologe werden. Später wird er bestimmt Netzwerkadministrator. Das ist ein Beruf mit Zukunft."

Hallo? Natürlich wollte ich als Kind nicht immer etwas Vernünftiges werden. Aber wo sind die Träume hin, die ich damals hatte? Wer von Ihnen hat jetzt den Job, den er mit 3, 8 oder 13 Jahren haben wollte? Ich glaube, die Quote liegt bei unter 5 Prozent. Warum ist das so? Weil es sich als unsinnig herausgestellt hat? Weil man damit nicht genug Geld verdient?

Ich glaube, wir verabschieden uns viel zu schnell von unseren Träumen. Träume sind Ziele, und Ziele will ich erreichen und nicht wegwerfen, nur weil es da nicht genug

Geld zu verdienen gibt. (Sie merken vielleicht an meinem Schreibstil, dass ich immer noch auf der Demo bin.)

Was soll überhaupt das Siezen hier in dem Buch? Ich meine, wir reden hier über total persönliche Themen und dann muss das nicht so förmlich sein, oder? Also, ich bin Felix und wir duzen uns jetzt.

Was wolltest du früher werden? Model, Rockstar, Tierpflegerin oder Ballerina? (Grandiose Auswahl.) Ich wollte immer Archäologe werden. Ich wusste zwar nicht, was ein Archäologe macht, aber Geschichte, Ausgrabungen, Mumien und so was fand ich richtig interessant. Machen wir noch mal ein kleines Experiment. Überleg' dir mal zehn Gründe, warum du eben das, was du werden wolltest, nicht geworden bist.

Und? Auf wie viele Gründe kommst du? Ich glaube, niemand findet zehn Gründe. Wenn doch, dann würde ich die Liste wirklich gerne sehen. Irgendwo in dem Buch steht bestimmt eine E-Mail-Adresse vom Verlag, also aufschreiben und zuschicken.

Ich will nicht, dass mein Kindheitstraum nur „süß" ist. Natürlich ändern sich viele Dinge im Leben, aber dass gar nichts mehr davon übrigbleibt, empfinde ich als traurig. Wenn ich Fußballstar werden wollte und jetzt Sportmoderator bin, ok, da gibt es eine Verbindung. Oder ich wollte Model werden und bin jetzt Modedesignerin, das passt auch. Aber leider trifft das nur auf die wenigsten von uns zu.

Weißt du, wovor ich am meisten Angst habe? Dass ich mit 40, 50 oder 60 aufwache und merke, dass das Leben, das ich gelebt habe, nicht meines, sondern das von jemand anders war. Dass die Dinge, die mir wichtig sind, in meinem Leben keinen Platz mehr haben, ich ein paar Mal falsch abgebogen bin und gar nicht mehr auf dem Weg bin, den ich mir für mich ausgemalt hatte.

Natürlich ist nichts vorgeschrieben und natürlich ändern sich Dinge, ob gewollt oder nicht, aber irgendwas in uns macht doch genau dieses „uns" aus, oder? Und das will ich immer in mir finden, mein ganzes Leben lang. Nicht nur als Kind und Teenager, sondern immer. Dinge, die mich ausmachen, Dinge, die ich träume und die ich nie loslassen will. Was jemand anders darüber denkt, ist mir egal, weil ich eben ich bin und nicht jemand anders. Wir geben so vieles auf, ohne darüber nachzudenken, was das für uns bedeutet, weil es gut für unseren Partner, die Karriere oder jemand anders ist. Das ist doch schade. Wenn ich daran denke, wie wichtig mir früher die Zeit in der Natur war, das Draußensein, das Spielen im Wald, und wie wenig davon noch in meinem Leben vorhanden ist, würde ich mir am liebsten auf den Kopf schlagen und mich selber fragen, was mit mir passiert ist. Es ist nämlich meistens so, dass es uns immer noch wichtig ist, wir haben es aber schlicht und ergreifend vergessen. Ein bisschen vergessen, was wir selber sind, und nur wenn wir das wissen, dann können wir doch überhaupt einen Sinn im Leben finden. Wer sich selbst nicht kennt, kann auch das Warum im Ganzen nicht sehen. Eines Tages steht man da und fragt sich, wo die Zeit hin ist, was man mit den Millionen an Minuten und Stunden gemacht hat. Aber wir können jederzeit selbst entscheiden, was wir mit unserer Zeit anfangen, und wenn es nur ein bisschen Zeit ist. Was war dir früher unendlich wichtig? Woran hast du geglaubt und was hat dich begeistert? Sei es noch so banal, lass uns jetzt ein paar Minuten oder Stunden Zeit dafür aufbringen und einmal alles andere vergessen. Ich gehe jetzt in den Wald, einfach nur, um eine Runde spazieren zu gehen, und wenn sich jemand fragt, was ich da mache, dann sage ich: träumen.

IV

EINMAL LEBEN, ZWEIMAL LEBEN

———

Wir springen ein wenig hin und her, aber irgendwie tut das gut, das Reden mit dir. Mich bringt es jedenfalls weiter und ich hoffe, dir geht es ähnlich.

Wenn wir über den Sinn des Lebens nachdenken, dann müssen wir uns zwangsläufig auch Gedanken machen, ob es nur ein Leben gibt. Also ob nach dem Tod wirklich Schluss ist. Keine Sorge, wir werden jetzt keinen Ausflug in die Metaphysik machen, sondern uns ganz simpel mit dem Thema beschäftigen.

Wenn also nach dem Tod nicht Schluss ist, dann hätte das ziemlichen Einfluss auf die Zeit, die wir im Hier und Jetzt verbringen, oder? Ich meine, wenn ich wüsste, dass nach dem Tod das Paradies und hundert Jungfrauen auf mich warten, dann wäre ich relaxter im Diesseits.

Warum kann uns niemand sagen, was nach dem Tod los ist? (So eine kleine Informationsveranstaltung vielleicht.) Also, die Vorstellung, in einer Kiste zu liegen und einfach zu verwesen, ist nicht wirklich prickelnd. Wo sind dann die Gedanken, Träume und die ganzen Wünsche hin? Einfach weg? Das kann ich mir irgendwie nicht wirklich vorstellen. Ich weiß zwar nicht, was dann kommt, aber irgendwas ist da, und wenn es nur eine Hoffnung ist.

Also, es könnte zum Beispiel einen großen Treffpunkt geben, ich meine, wo dann alle sind. Der gute alte Konrad Adenauer, der verrückte Albert Einstein und natürlich auch Kleopatra, Caesar, Karl der Große und Jesus. Vielleicht denkst du, dass das nicht sein kann. Dann beweis' mir das Gegenteil. Das bedeutet aber nicht, dass ich daran glaube. Ich weiß es genauso wenig.

Oder unsere ganzen Gedanken gehen vielleicht in jemanden über. Also entweder in ein neues Lebewesen (ich wäre gerne mal ein Löwe) oder wir werden wiedergeboren, ohne zu wissen, dass wir schon gelebt haben. Wie ein Computer, der resettet wird, einmal komplett neugestartet. Der weiß vielleicht auch nicht, dass er schon mal an war, oder? Würde man alles noch mal genauso machen? Oder alles ganz anders? Interessante Frage, die wir noch mal aufgreifen.

Aber erst mal will ich herausfinden, was nach dem Tod passiert. In vielen Religionen gibt es die Wiedergeburt. Einen sehr interessanten Ansatz gibt es im Buddhismus. (Wir entwickeln uns zu einem Wissensbuch.) In der Milindapanha, einem buddhistischen Text, steht geschrieben:

„Wenn zum Beispiel, o König, ein Mann eine Lampe an einer anderen Lampe anzündet, würde da wohl das Licht der einen Lampe zur anderen Lampe hinüberwandern?" Das heißt, im Buddhismus gibt es nicht das „Weitergehen" einer Seele, sondern durch das Licht der einen Lampe entsteht das Licht einer neuen. Auch eine interessante Vorstellung.

Wenn wir also nicht wissen, was uns nach dem Tod erwartet, müssen wir unser Problem mit dem Sinn des Lebens wohl im jetzigen Leben lösen. Verschieben auf morgen funktioniert leider nicht. Aber vielleicht hilft uns die Fragestellung im nächsten Kapitel, ein wenig über unser jetziges Leben nachzudenken. Und, für mich persönlich nimmt es den Druck aus der ganzen Sache.

Hast du dir einmal die Frage gestellt, was man alles hätte anders machen können? Bestimmt, oder? Mir fallen dann immer eine ganze Menge Dinge ein – große Entscheidungen, kleine Entscheidungen. Oft hat man das Gefühl, dass das Leben schon ein bisschen verloren ist, gerade wenn man über die großen falschen Entscheidungen nachdenkt.

In meinem Leben finde ich viele Situationen, in denen ich rückblickend gerne anders gehandelt hätte. Und da sind durchaus ein paar Dinge bei, die mich bis heute geprägt haben. Nicht dass ich jetzt unbedingt Archäologe sein will, aber ich hätte mich zumindest gerne ein paar Mal in eine Vorlesung gesetzt, um mir anzuschauen, ob Archäologie das ist, was ich suche. Klar, das könnte ich jetzt noch machen. Aber was mache ich, wenn ich merke, dass es genau das Richtige ist? Breche ich dann alles andere ab und fange noch mal von vorne an?

Ist das eigentlich so, dass wir selber bestimmen, welchen Weg wir gehen und es dann immer wieder Abzweigungen gibt, an denen wir uns für das eine oder das andere entscheiden müssen? Oder ist der Weg schon vorgezeichnet, durch was auch immer, und wir leben quasi in einer gelenkten Bahn?

Ich glaube, wir können selber entscheiden, wohin wir wollen. Ohne dass das „Hin" jetzt ein klares Ziel sein muss, sondern vielmehr, dass wir den Weg dahin selber wählen. Hast du dich einmal gefragt, wie viele Entscheidungen wir am Tag treffen? Nicht nur große, sondern vor allem auch die vielen kleinen. Bleibe ich an der Ampel stehen, was ziehe ich gleich an, damit ich seriös wirke, auf welche Taste tippe ich als nächstes, damit das richtige Wort erscheint?

Wir treffen jeden Tag Millionen von Entscheidungen. Und da wir eben menschlich sind, auch nicht immer die richtigen. Das wäre nicht nur langweilig, sondern vor allem gäbe es doch dann auch irgendwann kein Richtig oder Falsch mehr, sondern man würde immer richtig handeln. Ziemlich trostlose Vorstellung, finde ich.

Also, worum geht es? Darum, zu akzeptieren, dass wir falsche Entscheidungen treffen können, oder vielleicht darum, dass unsere Entscheidungen zumindest meistens frei sind und wir ab jetzt noch bewusster darüber nachdenken sollten, dass wir die Wahl haben?

Häufig höre ich, dass jemand sagt, dass er eben keine Wahl hatte, und meistens stimmt das nicht. (Ich weiß, klingt ziemlich altklug.) Es ist häufig so, dass Weg A eben viel steiniger gewesen wäre und er oder sie deshalb lieber Weg B wählten. Versteh' mich nicht falsch, ich bin da genauso, aber wenn wir die Wahl haben, sollten wir nicht den Weg auswählen, der leichter scheint, sondern den, der tief in uns drin der richtige sein könnte. (Ich bin mittlerweile davon überzeugt, dass ich weise bin.)

Und wenn wir dann immer noch den falschen ausgewählt haben, dann ist das so. Wenn ich alles daraufgesetzt habe und falsch liege oder scheitere, dann habe ich es zumindest versucht. Viel schlimmer finde ich, zurückzublicken und mich darüber zu ärgern, wo ich mit mehr Energie vielleicht hätte sein können. Außerdem kann man dann die auf den „falschen" Wegen gesammelte Erfahrung an andere weitergeben und richtig schön klugscheißen. (Auch ein sehr anspruchsvolles Wort.)

Manchmal weiß man, dass man schon lange auf dem falschen Weg ist und man glaubt, nie mehr den richtigen zu finden, aber das ist einfach nicht so. Geh' zurück bis zu der Stelle, wo du mit dir glücklich warst, und gehe von dort aus einen anderen Weg weiter. Das Leben ist so komplex und es gibt so viele Möglichkeiten, dass keiner direkt den richtigen Weg findet. Manchmal muss man einfach zurückgehen, auch wenn das Kraft kostet, sonst steht man irgendwann da und merkt, dass man sich selbst auf dem Weg verloren hat.

Was fehlt dir jetzt gerade? Fangen wir ruhig mit einfachen, fassbaren Dingen an. Mir fehlt gerade die Sonne. Jetzt du. Immer abwechselnd. Mir fehlt das Meer. Dir? Mir fehlen spanische Tapas. Patatas bravas und dazu Tintenfischringe in Knoblauchsoße. (Die fehlen sogar sehr.) Wie viele Sachen fallen dir noch ein? Das müssen nicht nur oberflächliche Dinge sein. Genauso kann dir Liebe, Freundschaft, Geld oder etwas anderes fehlen.

Manches davon können wir uns schneller beschaffen, als es uns vielleicht bewusst ist. Aber wenn es uns so fehlt, dass wir es unbedingt wollen, dann muss es auch einen Weg geben, es zu bekommen. Vielleicht fängst du nicht mit den schwierigsten Dingen an, aber wenn du dir zehn Dinge aufschreibst, die dir fehlen, und jetzt versuchst, deine Liste zu ordnen, von „einfach zu bekommen" bis „fast unmöglich", dann haben wir einen Anfang. Mach' das doch mal. Ich mache es auch und dann sehen wir, wohin das führt.

Mein erster Punkt sind die Tapas. Das bekomme ich hin. Zum Supermarkt, einkaufen und selber machen. Schmeckt nicht so gut, aber Kartoffeln kann ich schneiden und Tintenfischringe gibt es fertig. Dazu eine Flasche Rotwein und vielleicht ein bisschen spanische Musik und ich tanze Bolero durchs Wohnzimmer.

Nummer 2 ist das Meer und Nummer 3 die Sonne. Wie verrückt bin ich jetzt? Das Meer ist etwa 2,5 Stunden von Düsseldorf entfernt und dort sind es zwar gerade keine 35°C, aber immerhin 20°C und es ist sonnig. Also? Was machen wir jetzt?

Hinfahren? Ja, was sonst? Sonst können wir uns das Buch auch gleich sparen. Auch wenn es nur ein Moment wird, ist es doch ein so schöner, dass er einen unglaublich glücklich macht und wir kommen mit der Liste weiter. Also, wir sehen uns in drei Stunden. Komm' doch auch, ich bin der mit dem Laptop, der nach Knoblauch stinkt.

Das ist selbst für mich ein wenig verrückt. Jetzt sitzen wir hier am Meer und bis auf ein paar Spaziergänger ist kein Mensch da. (Was vielleicht daran liegt, dass man nicht erst um 16.00 Uhr losfahren sollte.) Gott sei Dank habe ich etwas zu essen und zu trinken mitgebracht, ich habe nämlich schon wieder Hunger. (Ja, ich bin wirklich da und das ist kein Trick. Immer muss man sich bei dir rechtfertigen.)

Worüber schreibt man also, wenn man aufs Meer blickt, fast alleine ist, weil man nach Knoblauch riecht, und auf der Fahrt hierhin die Rolling-Stone-Top-500 mit dem Radio im Anschlag gehört hat?

Auf jeden Fall nichts Deprimierendes, sondern eher etwas, das uns das große Ganze ein bisschen vor Augen führt. (Das „große Ganze" ist definitiv mein Lieblingswort.)

Stellen wir uns also vor, wir sitzen am Strand, das fällt leicht, in einem Liegestuhl unter einer dicken Decke, die Sonne scheint, ein wenig Wind. Wir sind inzwischen ungefähr 80 Jahre alt und denken darüber nach, was wir in unserem Leben alles erreicht haben und welche Träume wir uns erfüllt haben.

80 Jahre sind eine verdammt lange Zeit. Da ist eine Menge passiert. Worauf sind wir stolz? Vielleicht haben wir ja eine Familie gegründet und Kinder oder sogar Enkel bekommen? Die haben dann ihrerseits eine Familie gegründet. Die Vorstellung ist sehr schön. Dazu möchte ich eine kleine Geschichte erzählen:

Eine Reise, bei der man übers Meer fährt. Dafür braucht man ein eigenes Boot. Das Boot muss man selber bauen. Das kostet viel Kraft, denn es muss stabil sein, damit es auch in den hohen Wellen besteht. Jeden Tag muss man etwas dafür tun, damit das Boot Form annimmt. Manchmal findet man einen anderen lieben Menschen, der einem dabei hilft. Zusammen baut man an diesem Boot. Dabei erlebt man unendlich viel. Wenn man es schafft, das Boot fertig zu bauen, kann man zusammen rausfahren. So weit und wohin man will. Man besucht die entferntesten Orte aller Länder. Wenn man einen Ort gefunden hat, an dem man bleiben möchte, legt man dort an und baut sich seine eigene Hütte. Jeden Tag erlebt man etwas Neues. Jeder Tag ist voller Abenteuer – nie ist man allein. Aus den zwei werden fünf, die sich eigene Boote bauen.

Manchmal werden aus diesen fünf sogar vierzehn. „Glück" heißt dieser Abschnitt der Reise. Doch irgendwann ist man müde und erschöpft. Man weiß, wie viel man geschafft hat, und ist zu Recht stolz darauf. Man blickt den anderen in die Augen, steigt in sein eigenes Boot und sagt:

„Lebt wohl."

Egal, ob du das jetzt rührend, banal oder unsinnig findest. Die Vorstellung ist zumindest sehr bildhaft und wir können uns da ganz gut hineinversetzen.

Zurück zu uns. Welche unserer eigenen Träume haben wir verwirklicht? Und welche nicht? Welche Dinge hast du eben auf deine Liste geschrieben? (Die brauchen wir jetzt noch mal. Falls du also noch keine hast, kannst du die Liste auch Wunschliste nennen.) Dinge, die dir fehlen. Sind das nicht auch deine Träume? Dinge, die du dir wünschst?

Viele von den Sachen, die ich auf meine Liste geschrieben habe, sind schwer zu erreichen. Aber ich habe mit Tapas, Sonne und Meer schon drei von zehn geschafft und das an einem halben Tag. Und ich fühle mich gut und habe das Gefühl, ich mache gerade das, wozu ich Lust habe. Alleine der Ausspruch, das zu tun, wozu man Lust hat, ist doch schon positiv, oder? Woher kommt das? Genau daher, dass man eben dann, wenn man das macht, was einem wichtig ist, auch am glücklichsten ist.

Was steht noch auf deiner Wunschliste? Fällt dir was auf? Warum heißt die Liste so? Als Kind hat man auch immer eine Wunschliste geschrieben. Ob es dann zu Weihnachten oder zum Geburtstag war, das ist egal, aber war das nicht toll, diese Liste zu schreiben? Ich habe bei mir sogar die Wünsche durchnummeriert und Wichtigkeitspunkte vergeben:

1.　　muss ich unbedingt haben
2.　　muss ich eigentlich auch unbedingt haben
3.　　wenn ich das nicht bekomme, werde ich wütend
4.　　das wäre toll, aber ihr habt mich ja bestimmt nicht genug lieb
5.　　will ich eigentlich auch, muss aber nicht unbedingt sein

(Ich bin leider nicht der Weihnachtsmann, das Christkind oder der Nikolaus, aber wer das ist, merkst du gleich selbst.)

Damals standen natürlich nur materielle Dinge auf der Liste und wenn doch was anderes draufstand, dann hatte es Papa für Mama oder umgekehrt draufgeschrieben. Aber wenn ich daran denke, dann ist es wirklich etwas Tolles, sich seine Wünsche aufzuschreiben. Dann hat man das Ganze schwarz auf weiß und es versinkt nicht zwischen allen Gedanken im Kopf.

Was steht noch auf deiner Liste? Nehmen wir doch mal was von den Sachen, die vielleicht nicht so einfach zu erreichen sind wie das Meer und die Tapas. (Ich sitze übrigens immer noch hier am Strand.)

Freundschaft, Liebe, Glück. Sei ruhig ein bisschen gierig. Irgendwas davon steht bestimmt auf deiner Liste. Und dann ist es schließlich ein Wunsch und Wünsche sind dazu da, erfüllt zu werden.

Das, was es schwierig macht, ist die Tatsache, dass wir unsere Wünsche manchmal ändern und oft selbst nicht mehr genau wissen, was wir uns wünschen sollen. Kommt das daher, dass wir uns zwischen A und B nicht entscheiden können, oder daher, dass es gar kein A und B gibt?

V

ICH BIN HIER UND MIT MIR GANZ VIELE

Zwischenzeitlich bin ich jetzt mal wieder nach Hause gefahren, weil es wirklich ein bisschen kalt geworden ist und der Akku leer war. Außerdem hatte ich das Gefühl, dass die Leute mich gleich fragen, ob ich noch alle Latten am Zaun habe.

Wenn ich mir die Frage stelle, was ich überhaupt will, stellt sich ja zwangsläufig auch die Frage, wer das überhaupt will. Klar, natürlich ich, aber wenn ich meine Meinung ändere, wer ist dann „ich"? Ist es einer oder sind es viele? Mir ist bewusst, dass das ein wenig verrückt klingt. Aber wenn wir uns mit dem Sinn auseinandersetzen wollen, dann müssen wir doch zumindest wissen, wer hier das Sagen hat. (Und so schlimm ist Verrücktsein auch nicht.)

Ich glaube, jeder ist irgendwie mehrere. Gewagte These, aber ich versuche das mal zu belegen. Vielleicht klappt es, vielleicht nicht.

Wenn ich etwa einen Vortrag halten muss, dann gibt es da eine ganze Menge Ichs, die in meinem Kopf herumschwirren. Ich versuche dir die mal vorzustellen:

Der Aufgeregte

Ich bin total nervös. Ich weiß, wie wichtig der Vortrag ist, und habe einen Puls von 200. Schaffe ich es oder schaffe ich es nicht?

Der Coole

Ich habe schon so viele Vorträge gehalten, da wird auch das klappen. Ich brauche mich gar nicht vorzubereiten. Das wird schon. Nachher noch ein bisschen Small Talk und dann nach Hause.

Der Ängstliche

Werden mich alle auslachen? Oder werden während des Vortrags alle nach Hause gehen? Oh je, das kann ganz schlimm werden. Am besten jetzt einfach nach Hause rennen.

Der Übermütige

Ich bin der geborene Gewinner. Keiner hält Vorträge so wie ich. Die Leute werden jubeln und um Autogramme bitten. Ich bin ein Star.

Der Strebsame

Der Vortrag ist wichtig für mich. Egal was passiert, da muss ich durch. Ich will ein paar Kunden gewinnen, also auf die Zähne beißen und dann durch.

Das sind jetzt nur fünf, aber ich glaube, wenn ich noch länger suchen würde, fände ich noch mehr. Ob du mich jetzt für verrückt hältst? Das glaube ich nicht. (Allein schon deswegen, weil ich hier quasi immer mit mir selbst rede.)

Wie soll ich also einen Vortrag halten, wenn ich gleichzeitig fünf Männer in meinem Kopf habe, die alle etwas anderes erzählen. (Dass das alles Männer sind, ist wohl klar.) Also nicht nur Engelchen und Teufelchen, sondern gleich eine ganze Handvoll verrückter Typen. Ich weiß nicht, ob meine Vorträge gut sind, aber ich weiß, dass sie immer besser werden. Und nicht deshalb, weil ich mehr Erfahrung sammle, sondern weil genau diese fünf Typen dafür sorgen, dass ich nicht zu sehr der eine oder der andere bin.

Wenn ich nur der Übermütige wäre, dann würde ich sicher die pure Arroganz ausstrahlen. Ich würde allen zeigen, dass ich das Licht und sie der Schatten sind. Der Übermütige braucht den Ängstlichen. Beide zusammen ergeben eine Mitte, die positiv, aber nicht überheblich wirkt. Genauso braucht der Coole den Strebsamen oder den Nervösen, damit er genug Energie in den Vortrag steckt.

Wir sollten also manchmal akzeptieren, dass mehrere Gedanken in unserem Kopf herumschwirren, denn das ist gut. Und nur das macht uns auch erfolgreich. Ob das dann mehrere Persönlichkeiten, Typen oder einfach nur Gedanken sind, ist mir egal, denn es geht dabei ums Ergebnis.

Natürlich gibt es auch Menschen, bei denen das Ganze nicht mehr vorteilhaft ausgeprägt ist und die darunter leiden und das ist schrecklich. Letztendlich sollten alle diese Gedanken eine Person formen und nicht mehrere. (Falls ihr also mit mehreren das Buch lest, müsst ihr auch mehr bezahlen.)

Das Gefühl auf einer Bühne zu stehen, macht mich wahnsinnig glücklich. Glück ist wahrscheinlich eines der schönsten Gefühle, die wir empfinden können. Ein Gefühl, das uns von innen überrollen und jede Ecke unseres Körpers einnehmen kann. Auf einmal spielen die kleinen Probleme keine Rolle. Wir könnten die ganze Welt umarmen und sind einfach nur glücklich.

Warum empfinden wir dann nicht noch viel häufiger dieses Gefühl, wenn es denn so ein schönes ist? Eigentlich wäre es toll, wenn wir jeden Tag mehrmals solche Momente hätten. Klingt doch erst mal gut, oder?

Leider ist es so, dass wir Glück nur bis zu einem gewissen Punkt selber beeinflussen können, oder? Ob der Kunde sich für mich als Fotograf entscheidet, ob ich den Job bei der Firma bekomme, ob ich die Klausur bestehe? Sind das Glücksmomente? Eigentlich nicht. Weil das mit Glück meistens gar nichts zu tun hat. Sondern vielmehr mit Fleiß, Strebsamkeit oder auch Durchsetzungskraft. Aber wenn wir erfolgreich sind, dann empfinden wir so etwas Ähnliches wie Glück, einfach ein schönes Gefühl. Aber wann spüren wir das Gefühl noch? Klar, wenn wir im Lotto gewinnen oder wenn wir mit unserer Mannschaft ein Spiel gewinnen. Wir sind also vor allem dann glücklich, wenn wir den Bestzustand, das Ziel erreichen.

Also ist Glück nicht nur Zufall, sondern eigentlich sogar sehr beeinflussbar. (Ok, Lottomillionär zu werden ist nur indirekt beeinflussbar, aber alles können wir hier nicht beachten.)

Also, warum nicht noch mehr davon? Vielleicht weil wir es dann nicht mehr zu schätzen wissen? Wenn ich jeden Tag einen tollen Auftrag bekomme, weiß ich das dann am 21. Tag nicht mehr zu schätzen, obwohl es noch genau das Gleiche wie beim ersten Mal ist? Interessante Frage. Irgendwann fühlt es sich nicht mehr so an wie am Anfang. Wir haben uns an das Glück, den Erfolg oder wie immer wir das nennen, gewöhnt. Wir stumpfen ab und deshalb verliert das Glück an Bedeutung. Das wird uns bewusst, wenn wir das Glück ganz verlieren, also, wenn wir auf einmal keinen Auftrag mehr bekommen oder das Spiel verlieren statt gewinnen.

Warum ist das so? Warum brauchen wir wieder Misserfolg, Pech oder Ähnliches, um zu merken, was wir vorher für ein Glück hatten? Vor allem empfinden wir das Glück dann sogar noch intensiver. Eine Mannschaft, die zehnmal nacheinander gewinnt, weiß den Sieg immer weniger zu schätzen. Erst, wenn sie wieder verliert, wird ihr bewusst, dass zu gewinnen nicht Normalität ist.

Ich glaube, genau um diese Normalität geht es. Wir wissen nicht, was wir für ein Glück haben und wie oft wir dankbar dafür sein sollten. Wir wachen jeden Tag auf, eigentlich sollten wir dafür schon dankbar sein. (Das bin ich leider genauso wenig wie du. Ich umarme mein Bett auch nicht mit einem sanften „Guten Morgen".) Aber etwas Wahres ist da dran. Einen Partner, der uns liebt, den wir irgendwann als selbstverständlich ansehen. Eine tolle Wohnung, die wir nicht mehr beachten, obwohl es uns vor zwei Jahren noch berauscht hat, hier einzuziehen. Aber auch einfache Dinge wie ein voller Kühlschrank, eine warme Dusche oder ein Freund, der anruft. Wir verlieren nicht das Glück, sondern wir verlieren den Blick dafür. Das, was wichtig war und uns glücklich gemacht hat, wird selbstverständlich und wir streben nach neuen Momenten, in denen unser Glück befriedigt wird.

Kennst du das Gefühl, dass eigentlich alles in Ordnung ist, aber man trotzdem nicht glücklich ist? Ich meine, wenn man sich so richtig schlecht fühlt, ohne dass man das eigentlich „darf"?

Das „darf" steht dabei extra in Anführungszeichen, weil ich das genauso meine. (Super Begründung.) Ich habe heute genauso einen Tag. Eigentlich gibt es keinen Grund, unglücklich zu sein. Die Sonne scheint, ich habe frei und eigentlich ist sonst nichts Negatives passiert, aber ich fühle mich, als würde die Welt untergehen. Das Schlimme daran ist nicht das Gefühl als solches, sondern dass ich nicht weiß, warum ich mich so fühle. Wie eine Sechs in Mathe, obwohl man gelernt hat. Keine Ahnung, was da gerade passiert.

Wenn etwas nicht fassbar ist, kann ich es auch nicht beheben. Problemlösung ohne erkennbares Problem ist eigentlich unmöglich. Ich versuche dann immer herauszufinden, woran das liegen könnte. Dabei hilft mir zumindest manchmal die Liste oben: Ist irgendwas unverarbeitet? Gibt es Probleme im Job oder unerwiderte Liebe?

Aber heute ist so ein Tag, an dem ich den Grund einfach nicht finde. Eigentlich ist alles in Ordnung, aber ich fühle mich trotzdem nicht wirklich gut. Ich habe keine große Lust, etwas zu machen, aber ich kann auch nicht den ganzen Tag nur rumliegen wie 'ne Robbe auf einer einsamen Eisscholle. (Ich kann nicht immer nur gute Laune verbreiten. Entschuldigung.) Wie komm' ich da runter? Irgendwie ist es hier ein bisschen langweilig auf Dauer.

Bleiben wir mal metaphorisch auf dieser Scholle. Kein Land ist in Sicht, niemand neben einem, der hilft. Ziemlich ausweglos. Was also tun?

Wie bin ich überhaupt auf diese doofe Eisscholle gekommen? Gestern war noch alles gut und heute ist eben nicht mehr alles gut. Zwei Möglichkeiten: Entweder ich finde mich damit ab oder ich versuche etwas zu tun, das mich wieder glücklich macht. Zumindest versuchen könnte ich das, weil ich sonst nicht nur eine dicke Robbe, sondern auch eine faule bin.

Überall nur Wasser. Aber ich bin ja eine Robbe, also rein in den Mist und dann in eine Richtung schwimmen. Mal sehen, wo ich ankomme, und vor allem: Mal darüber nachdenken, was mich unglücklich macht und ob das wirklich etwas Großes ist, sodass alle anderen Sachen, die mich vorher glücklich gemacht haben, auf einmal nicht mehr da sind.

Vielleicht gibt es auch gar keine Erklärung für dieses Gefühl und ich denke mir das Ganze einfach nur aus. Ich meine, da ist doch was in meinem Kopf und was da drin ist, kann ich doch beeinflussen, oder?

Ich stelle mir manchmal vor, dass ich aus meinem Körper und dem, was drin ist, bestehe. (Geist, Seele oder Charakter – da verstehe ich sowieso nicht wirklich den Unterschied.) Und meinem Körper geht es ja manchmal schlecht, wenn ich zum Beispiel eine Grippe habe. Vielleicht ist das mit dem, was drin ist, genauso, vielleicht ist das manchmal nicht gut drauf. Eine Grippe ist ja schließlich auch auf einmal da, ohne dass ich weiß, woher sie kommt.

Die Vorstellung gefällt mir irgendwie, weil ich nicht direkt an allem schuld bin, was falsch läuft. Vielleicht geht es mir innen drin einfach nicht gut, ohne dass es eine schwerwiegende Ursache gibt. Leider gibt es keine Medizin, die ich mir jetzt einschmeißen kann. (Zumindest keine, die ich hier empfehlen würde.) Also muss ich vielleicht warten, was passiert.

Damit habe ich zumindest zwei Möglichkeiten: 1. Ab ins Wasser und los, in eine Richtung schwimmen und hoffen, dass Land in Sicht kommt. 2. Einfach auf der Eisscholle bleiben und warten, dass es von selber besser wird. Das Zweite ist nichts, wofür ich mich verurteilen muss. Manchmal kann man ruhig eine faule Robbe sein und das Ganze löst sich von selber. Das Unglücklichsein verschwindet genauso schnell, wie es gekommen ist.

Natürlich klingt das sehr einfach und ob das immer funktioniert, bezweifle ich genauso wie du. Aber es ist nun mal das Einzige, was ich tun kann. Glück suchen oder warten, bis es mich wiederfindet. Niemand ist geboren, um dauerhaft unglücklich zu sein, und vor allem sollte niemand dauerhaft unglücklich sein. Und wenn du das trotzdem bist, dann stehe ich jetzt gerade neben dir, haue dir auf den Hinterkopf und sage: „Pack' es an, egal wie schlimm alles ist, nur du kannst das ändern. Niemand anders. Du bist es, der oder die stark sein muss. Also, auf gehts. Bisher läuft es doch mit uns und dem Buch auch ganz gut." Also?

VI

MUSIK IN MEINEN OHREN

———

Ich will etwas spüren. Nicht nur manchmal, sondern immer. Ich will fühlen, warum ich hier bin und das am besten in jedem Moment. Es soll mich durchfluten, mich erleuchten, mich berauschen.

Ich bin garantiert nicht nur hier, um mich fortzupflanzen, und ohne Sinn bin ich auch nicht. Ich bin etwas Besonderes und jemand Besonderes sollte etwas Besonderes tun. Ich brauche keine Statue mit meinem Namen drauf, aber ich will etwas dalassen. Etwas, das, und wenn nur für ein paar Menschen, etwas Besonderes ist. Ein Lächeln, wenn man an mich zurückdenkt. Ein positiver Gedanke, wenn man meinen Namen sagt. (Wobei das mit der Statue jetzt nicht so schlecht ist.)

Ohne Sinn zu sein, ist schrecklich. Jeder hat einen bestimmten Sinn und wenn es der Sinn ist, anderen zu helfen. Hast du mal jemandem bei irgendwas geholfen? Bestimmt, oder? Was hätte derjenige ohne dich gemacht? Jemand anders gesucht? Ich glaube nicht. Das ist nämlich Unsinn. Wir meinen schnell, dass wir ersetzbar sind und sofort jemand anders alles übernimmt. Klar, es gibt bei der Arbeit vielleicht andere, die das können, was du tust, manche sind auch schneller oder machen es noch besser, aber so wie du, machst es nur du. Du bist für viele etwas Besonderes, ohne es zu wissen. (Das ist definitiv kein Wissensbuch mehr.)

Lass' mal die Sau raus und genieß dein Leben. Es gibt genug Tage, an denen wir so leben, wie wir es sollten. Dann sollte es auch Tage geben, an denen wir das tun, was uns guttut und was uns wirklich Spaß macht.

Morgen ist Samstag und der Besuch am Meer wieder ein paar Tage her, also Zeit etwas zu tun, das mich glücklich macht. Und so seltsam das klingt, ich habe Lust, morgen etwas Gutes zu tun. Ich fahre jetzt nicht nach Afrika, auch wenn das klasse wäre, aber vielleicht kann ich jemandem helfen, den ich schon kenne und der meine Hilfe gut gebrauchen kann.

Eben war ich auf dem Weg, ein wenig einzukaufen, und eine alte Frau stand mit ihrem Rollator vor einer Eingangstür. (Oh nein, es kommt keine abgegriffene Geschichte.) Die ältere Frau hat geklingelt und ich hörte, wie jemand an der Gegensprechanalage mit ihr sprach und sie sagte, dass sie mit dem Rollator vor der Tür stehe. Ihr Gesprächspartner sagte nur, dass sie etwas warten müsse, da er gerade keine Zeit habe. Ich glaube, es ging darum, dass ihr der andere helfen sollte, in ihre Wohnung zu kommen. Sie sagte dann, dass sie warten würde, und positionierte sich neben der Tür. Auf dem Weg zum Supermarkt habe ich ein paar Mal darüber nachgedacht und überlegt, ob ich hätte helfen können. Man ist dann schnell in einem Konflikt, weil manche Menschen sich auch nicht helfen lassen möchten. Im Nachhinein hätte ich etwas sagen sollen, auch wenn sie sicher ein paar Minuten später drinnen war.

Warum ich das erzähle? Nicht weil ich ein schlechtes Gewissen habe, dafür habe ich dann dem Obdachlosen vor dem Supermarkt einen Euro gegeben und mir quasi den Freibrief zum Himmel erkauft. Nein, weil mir in dem Moment genau das mit der Eisscholle bewusst geworden ist.

Die alte Frau lebt auch auf einer Eisscholle, aber auf einer, von der sie verdammt noch mal nicht mehr herunterkommt. Sie kann nicht ins Wasser springen und bis ans Land schwimmen. Sie kann nicht warten, bis alles wieder schön ist, weil sich das meiste für sie nicht ändern wird. Warum wünschen sich denn Menschen, noch mal jung zu sein? Nicht weil sie länger leben wollen, sondern vor allem, weil sie einige Dinge gerne mehr ausgekostet hätten.

Wenn ich mir vorstelle, dass ich mit einem Rollator und total eingeschränkt zu Hause säße oder dass ich blind wäre oder sonst was, ich glaube ich würde verrückt werden. Dann wären meine jetzigen Probleme ziemlich schnell ganz klein, oder? Warum ist das so? Jetzt könntest du mir auf den Hinterkopf schlagen, damit ich das begreife, wie du. (Spätestens jetzt basiert unser Verhältnis auf Gegenseitigkeit.)

Müssen immer erst bestimmte Dinge passieren, damit man versteht, was wichtig und was unwichtig ist? Eine kleine Geschichte:

Erinnerst du dich an die Geschichte vom Anfang? Die aus der Schule, mit dem Mädchen aus der Klasse? (Dieses Buch erfordert definitiv eine gewisse kognitive Intelligenz. Ich muss immer zurückblättern.) Ich war so unglaublich verliebt und nichts war wichtiger als unsere gemeinsame Zukunft, die es ja bekanntlich nur in meinen Gedanken gab. Nachdem also die Geschichte mit dem älteren Typen bekannt geworden war, war ich natürlich am Boden zerstört. Ich wäre am liebsten nicht mehr zur Schule gegangen und da das Ganze auch ein paar Leute wussten, hatte ich das Gefühl, ich wäre der größte Versager der ganzen Schule.

Etwa zwei Wochen später habe ich mir beim Rollschuhfahren den Arm gebrochen. (Was für eine Überleitung. Ich sollte mal einen Autorenkurs belegen.) Da habe ich eine halbe Stunde auf dem Boden gelegen, weil ich nicht mehr aufstehen konnte. Der Arm sollte dann erst eingerenkt werden und der Doktor und seine skurrile Kollegin haben so lange daran rumgezogen, bis ich dann doch zu einem vernünftigen Arzt gekommen bin. Operation, Gips, nach sechs Wochen war alles wieder gut.

Warum ich das erzähle? Weil ich genau in dem Moment, in dem ich mir den Arm gebrochen habe, nicht mehr an das Mädchen gedacht habe. Ich habe sie einfach vergessen und etwas anderes war wichtiger. (Genau wie bei „Men in Black" mit dem Blitzding.) Man könnte das Ganze auch „Zweimal Pech ist einmal Glück" nennen oder so.

Manchmal braucht es was Schlimmeres, um etwas Bestimmtes zu vergessen. (Bitte brich dir jetzt keinen Arm oder so was. Und wenn das schon passiert ist, dann geh' definitiv nicht in das gleiche Krankenhaus wie ich.) Eigentlich ist das doch total unsinnig, dass so was passieren muss, um die Augen aufzumachen und zu verstehen, dass die Welt davon nicht untergeht. Aber das, was in einem Moment das Schlimmste ist, kann in einem anderen völlig unsinnig sein. Vielleicht liegt also die Lösung darin, herauszufinden, was wichtig und was unwichtig ist. Aber wie geht das? Da müssen wir zwei noch ein bisschen bohren.

Ich finde, bei der Gelegenheit könntest du auch mal ein bisschen was von dir erzählen. Sonst komme ich mir vor, als würde ich ein Tagebuch schreiben. Alter? Geschlecht? Wohnort? Vielleicht füllst du mal so eine Seite in meinem Schulfreundebuch aus. Da stand doch schließlich immer alles drin – im wichtigsten Buch der Grundschule.

Das Freundebuch der Grundschule, quasi das Facebook von früher. Hattest du auch so ein Ding? Eigentlich hatten das meistens nur Mädchen, aber irgendwie wollten die Jungs das auch, weil es auch ziemlich cool ist, Freunde in einem Buch zu sammeln.

Manchmal hat man dann eines mit nach Hause bekommen. Das war dann schon eine ziemliche Anerkennung. Und aus Anerkennung wächst große Verantwortung. Also Stift, Kleber und Schere raus und die Doppelseite zur coolsten im ganzen Buch machen.

Lieblingslehrer, Lieblingsessen, Lieblingsfarbe, Traumberuf, Hobbys ... Wow, ich würde mir gerne noch mal meinen Eintrag von damals anschauen und das Bild mit der Frisur, die ich mir sicher nicht selber ausgedacht habe.

Dann konnte man noch alle möglichen Dinge reinkleben oder ganz cool unterschreiben. Ich habe da auch immer gleich die Unterschrift meines Vaters trainiert, was sich später als hilfreich herausgestellt hat.

Wenn ich so daran denke, war das eine ziemlich starke Zeit. Große Pause, alle auf der Kletterspinne, freitags um 12.30 Uhr Schule aus und ganz wichtig: die ganzen Spiele in der Pause. (Das mit dem Freitag früh Schluss kennen manche heute noch.) Kein Finanzamt, keine Miete, keine kaputte Waschmaschine. Einfach nur in den Tag hineinleben und das Leben genießen. (Manchmal liest sich das hier, als wäre ich gerne noch mal acht. Und ja, manchmal stimmt das.)

Warmes Essen, das zu Hause auf einen wartet, eine Stunde Hausaufgaben, ok, aber dafür ist Donnerstag frei – Lehrerausflug. (Ich habe bis heute nicht verstanden, was das ist und vor allem was die Lehrer da wohl tun.). Irgendwie war man beschützt. Klar, es gab auch blöde Situationen, aber über die will ich nicht nachdenken. Schreib' sie einfach daneben, wenn du da was loswerden willst. Man war wie in einer Höhle. In so einem kleinen, in sich abgeschlossenen Raum. Es gab nur einen Zugang und den hatte man fest im Blick.

Ich finde das Wort „Höhle" trifft es gut. Man hat ja immer Höhlen gebaut. Ob im Zelt, im Kinderzimmer oder im Wald. Du auch? Manchmal habe ich auch im Zelt im Garten geschlafen. Also nur, wenn es warm war und der Butler um 9.00 Uhr morgens frische Croissants gebracht hat.

Manchmal würde ich mir gerne noch mal eine Höhle bauen. (Vielleicht habe ich genau jetzt den Schritt zum Wahnsinn gemacht – was solls?) Einfach mitten in mein

Wohnzimmer. Dann lade ich ein paar Geschäftsfreunde zum Essen ein und sage nach der Begrüßung: „Werte Gäste, begleiten Sie mich in die Höhle." Würde sicher für ein wenig Abwechslung sorgen. Oder ich komme nicht aus der Höhle raus und winke den Gästen nur zu, während sie am Tisch essen, oder ich beschmeiße sie mit Pudding. Ich finde die Vorstellung amüsant.

Aber mal ehrlich, auch wenn du schon jegliche Hoffnung aufgegeben hast, wie oft wünschst du dir eine Höhle? Einen Platz, wo du alleine bist, wo du dich unendlich wohlfühlst, den nur du kennst und niemand anders, und an dem du über alles nachdenken kannst – einen Lieblingsplatz.

Hast du so einen Lieblingsplatz? Ich dachte bis gerade, ich hätte keinen, aber dann ist mir direkt einer eingefallen und da war ich bestimmt schon fünf Jahre nicht mehr, obwohl der nicht weit weg ist. Nein, ich fahre nicht dahin, auch wenn es zugegebenermaßen ein wenig in den Fingern juckt. Aber ich muss dir noch etwas über den Sinn des Lebens erzählen, von dem ich selbstverständlich alles weiß und ich brauche Geld. Ich prostituiere mich eigentlich hier und versuche, dich bei Laune zu halten. Aber vielleicht kriegst du das auch nie zu lesen, je nachdem wie ich so drauf bin.

Ich will noch was zu meinem Lieblingsplatz sagen. Rate mal, wo der ist? Also, wir spielen kein Geo-Caching, aber bei mir, dem alten Naturburschen, ist das nun wirklich nicht schwer. Ein Platz im Wald. (Ist das eigentlich ein vollständiger Satz? Fehlt irgendwie das Verb oder für Lukas: das Tuwort.).

Ich könnte was von Sonnenuntergang und Licht, das durch die Bäume fällt, erzählen, aber eigentlich ist es nur ein Waldweg, auf dem ich früher immer laufen gegangen bin. Er geht erst runter und dann wieder rauf, was Wege im Wald manchmal so an sich haben. Am Anfang habe ich den Weg verflucht, weil ich immer gemerkt habe, dass ich eigentlich schon nach zwei Kilometern nicht mehr kann. Aber irgendwann hat mich das Ganze so angespornt, dass ich mir immer Folgendes vorgestellt habe:

Der große Waldlauf – 2.000 Teilnehmer. Olympiasieger, Weltmeister, alle sind sie da
– in meinem Wald. Startschuss, die Menge setzt sich in Bewegung. Inmitten der Mas-
se bin ich der Lokalmatador, keiner kennt den Weg besser als ich. Ich laufe, dass die
Lunge brennt. Eine Zehnergruppe setzt sich ab, ich versuche, Anschluss zu halten. Das
alleine ist schon eine Sensation. Die Menge grölt, weil mich natürlich jeder kennt. Einen
Kilometer vor dem Ende sind es nur noch drei Läufer. Der Weltmeister, der Olympiasieger und ich, klar. Das Ziel rückt in Sicht und das Ziel liegt, wie soll es anders sein,

genau auf diesem kleinen Hügelweg. Der
Moderator kreischt, die Menge schreit,
und ich nehme meine letzte Energie und
gebe Gas. Wir ziehen alle noch mal an,
aber ich bin schneller. Die Menge peitscht
mich ins Ziel. Mit hochgerissenen Armen
trenne ich das rote Band, während mich
die Menge empfängt. Gänsehaut. (Nicht
nur da, sondern auch hier.)

Gerne kannst du mitlaufen, aber ich bin dann wohl trotzdem immer vor dir da. Ist ja
schließlich auch mein Buch und nicht deines, und außerdem wolltest du eben noch
Feuerwehrmann oder Ballerina und nicht Sportstar werden.

Ich liebe solche Gedanken noch mehr, als darüber nachzudenken, 10 Millionen im
Lotto zu gewinnen. Gedanken, Träume, die auf einmal Wirklichkeit werden. Ein lieber
Mensch hat mal zu mir gesagt: „Man braucht genug Kawupdisch." Keine Ahnung, wie
das geschrieben wird, aber das ist, glaube ich, so was wie Energie, Motivation, einfach
Power, Dinge anzupacken.

VII

EINMAL ALLES BITTE

Gedanken machen doch alles möglich, oder? Wenn ich mir also vorstellen kann, dass ich unglücklich bin, dann geht das auch andersherum. Dafür brauche ich keine wissenschaftliche Begründung und keinen Beweis, das entscheiden wir jetzt gemeinsam. Was in einem Buch steht, ist wahr, und was wahr ist, das stimmt auch. (Ausrufezeichen.)

Wie oft man sich bestimmte Dinge wünscht, seine Gedanken auf einmal in eine ganz andere Richtung schweifen lässt oder der König der Welt ist, das ist doch genau das, was das Leben ausmacht. Ein bisschen verrückt zu sein und sich Dinge vorzustellen, die nicht mal annähernd wirklich sind.

Ich bin nachts schon hundertmal der Kapitän der deutschen Fußballnationalmannschaft gewesen. 60.000 Zuschauer im Stadion, 100 Millionen zuhause an den Rundfunkgeräten. Oder ich rette irgendjemanden vor irgendwas. (Mir ist bewusst, dass das etwas undefiniert klingt.)

Manchmal, wenn es mir schlecht geht, träume ich mich weg. Weg in eine Welt, in der alles so ist, wie ich es mir vorstelle. Dabei vergesse ich aber nicht, wo ich herkomme, sondern versuche, ein paar Dinge in meine neue Welt mitzunehmen. Und ja, das geht. Und wenn es nur die Energie ist, die mich durchflutet hat. Wenn das Rad in mir anfängt sich zu drehen und diese ganze alte Maschine noch mal richtig hochläuft, um allen zu zeigen, wie viel Energie noch drinsteckt.

Ich verspüre gerade unglaubliche Lust, laufen zu gehen. Einfach eine kleine Runde. Nur ich und die etwa 50.000 Zuschauer am Wegesrand, die meinen Namen rufen. Kommst du mit? Dann rufen sie auch deinen.

Ich glaube, das Kapitel könnten wir auch „Endorphinüberschuss in Folge von Selbstbeweihräucherung" nennen. Vielleicht findest du das grenzwertig, aber gerade finde ich mich ziemlich geil. Ja geil, ich könnte ein anständigeres Wort benutzen, aber darauf habe ich keine Lust.

Der geile Typ erzählt dir also noch ein bisschen was von der Welt, von der er nichts versteht. Zu dem, was ich gerade geschrieben habe, fällt mir noch ein bisschen mehr ein. Nämlich zu dem Wort „Selbstbeweihräucherung".

Eigentlich kommt jetzt ein ziemlich sensibles Thema, aber ich bin noch berauscht vom Laufen, also ist kein sensibler Einstieg vorgesehen.

Liebst du dich? Ich meine das ernst. Wir hatten die Frage oben schon, aber ich will das noch mal aufgreifen, weil das unendlich wichtig ist. Ich glaube, nur, wenn man sich selbst liebt, kann man auch andere, das Leben oder sonst was lieben. Ja, wieder ein kluger Spruch. Aber hör' doch erst mal zu, bevor du wieder rummotzt. Wenn du dich nicht liebst oder glaubst, es nicht zu tun, dann solltest du etwas ändern. (Spätestens jetzt merkt man, dass ich kein Therapeut bin. Ich dränge dir meine Meinung auf und das mit voller Absicht.) Nein, ehrlich, wenn du dich nicht liebst, dann kann das auch niemand anders und dann findest du keinen Sinn im Leben, in dir oder in irgendwas anderem. Also, wenn du das nicht oder noch nicht tust, sollten wir daran arbeiten. Weil jeder etwas Einzigartiges hat und jeder sich lieben sollte. Nicht weil du einen 43-Zentimeter-Bizeps, einen IQ von 120 oder ein dickes Bankkonto hast. Sondern weil in dir etwas ist, was nur du hast.

Manchmal (irgendwie fangen die Kapitel oft mit „manchmal" an) schaue ich mir andere Menschen auf der Straße an und frage mich, was mich von denen unterscheidet. („Denen" ist hier nicht abfällig zu verstehen.) Mir fallen direkt tausend Dinge ein und das nicht nur bei einer Person, sondern bei allen. Dass wir also einzigartig sind, ist kein Denkmuster, sondern eine Tatsache. Gut, einzigartig doof oder einzigartig asozial ist auch einzigartig. Aber es geht mir darum, das zu finden, was in dir glüht, was dich zu etwas Besonderem macht. Und ja, da ist etwas. Ich finde das schlimm, wenn Menschen sagen, dass sie nichts Besonderes hätten, sondern einfach nur Standardware seien. In allen Fällen findet man etwas, etwas, das sie von anderen unterscheidet.

Was findest du bei dir? Geh' mit Motivation ran. Davon sollten wir noch was haben. Also Augen zu und nachdenken. (Am liebsten hätte ich in meinem Rausch etwas geschrieben wie: „Ich stehe neben dir und lege dir eine Hand auf die Schulter." Aber dann wäre das letzte Fünkchen Realität aus diesem Buch verschwunden und wir haben noch ein paar Seiten. Nachher denkst du, wir sind beste Freunde und läufst nur noch mit dem Buch unter dem Arm durch die Gegend.)

Eigentlich wollte ich heute etwas anderes machen, aber irgendwie läuft das ganz gut hier mit uns und vielleicht hast du noch Lust auf ein paar Seiten.

Ich bin zwar stark schizophreniegefährdet, aber das macht auch nichts mehr.

 Normalerweise stehen in Büchern doch immer Hunderte von klugen Zitaten. Bis auf die selbstgebastelten von mir sind wir noch recht jungfräulich. Ich habe mal ein paar ausgesucht, zu denen ich meinen Senf dazugeben will.

„Die höchste Form des Glücks ist ein Leben mit einem gewissen Grad an Verrücktheit." [5] (Erasmus von Rotterdam)

Ich dachte immer, der gute Erasmus (Sprachmuster von „Der Fänger im Roggen" – musst du unbedingt lesen.) wäre ein großer Spießer gewesen. So täuscht man sich. Er hat Recht und genau darüber haben wir doch eben gesprochen. Dass man auch über die Stränge schlagen, mal ein wenig rumspinnen sollte. Finde ich ziemlich gut, das Zitat. Weiter gehts:

„Es ist schwer, das Glück in uns zu finden, und es ist ganz unmöglich, es anderswo zu finden." [6] (Nicolas Chamfort)

---

5   Erasmus von Rotterdam, 27. Oktober 1466 – 12. Juli 1536.
6   Nicolas Chamfort, 6. April 1741 – 13. April 1794.

Ich habe gleich mal nachgeguckt, wer das Schlaues ist. Ein französischer Schriftsteller der Aufklärung. (Also so wie ich, nur halt nicht ganz so wichtig.) Bei Wikipedia steht ein interessanter Satz: „Seine Mutter überließ ihn gleich nach seiner Geburt dem Lebensmittelhändler François Nicolas und seiner Frau (...)."[7] Also, der muss definitiv Ahnung vom Leben haben. Und in der Tat, das Zitat finde ich gut. Auch das hatten wir schon. Also sind wir auf einem ganz guten Weg, ein wenig Licht ins Dunkel zu bringen. So, eines noch:

„Kein Mensch kann wunschlos glücklich sein, denn das Glück besteht ja gerade im Wünschen."[8] (Attila Hörbiger)

Auch hier musste ich nachschlagen, wer das ist. Ein Schauspieler aus Österreich. Wikipedia sagt: „Attila Hörbiger war der Sohn von Hanns Hörbiger, der Bruder von Paul Hörbiger, ab 1935 der Ehemann von Paula Wessely und der Vater von Elisabeth Orth, Christiane Hörbiger und Maresa Hörbiger sowie der Großonkel von Mavie Hörbiger und Christian Tramitz."[9]

Musst du auch ein wenig schmunzeln? Ich kam mir nach dem Satz ein wenig dumm vor. (Wer sind diese Menschen alle?) Aber zurück zum Zitat, weil ich das klasse finde. Wünsche und Glück gehören ganz eng zusammen, und nur wie in dem Zitat kann es laufen. Unsere Wünsche treiben uns an und machen uns erst glücklich. Ich glaube, darum ist es so wichtig, zu träumen.

Mein Gott, wir sind ja schon auf Seite 78. Worüber haben wir denn bis jetzt gesprochen? Ich baue mal einen kleinen Themensprung in unser Gespräch ein:

---

7   Wikipedia.de, In der Wikipedia ist eine Liste der Autoren verfügbar.
8   Attila Hörbiger, 21.April 1896 – 27.April 1987.
9   Wikipedia.de, In der Wikipedia ist eine Liste der Autoren verfügbar.

Genau wie beim Lottogewinn haben wir doch alle schon darüber nachgedacht, wie es wäre, wenn morgen alles vorbei wäre. Egal, ob wir sterbenskrank sind, morgen eine Millionen Aliens die Erde überfallen oder ein Baum auf unseren Kopf fällt.

Was würdest du an deinem letzten Tag machen? Also, wenn es wirklich nur ein einziger wäre? Du wachst um 8.00 Uhr auf. Und jetzt? Was machst du? Ich finde das ziemlich schwer, weil es so viele Möglichkeiten gibt. Erst dachte ich, dass ich alle Leute besuchen würde, die ich mag, aber dann sitze ich den halben Tag im Auto und den letzten Tag im Stau auf der A4 zu verbringen ist, na ja, sagen wir mal „steigerungsfähig". Was machen wir also stattdessen? 24 Stunden für alle Träume und Wünsche? Wir gehen mal davon aus, dass das mit dem Lottogewinn einen Tag vorher geklappt hat, weil wir uns sonst nicht alles leisten können. 1 Millionen Euro – zack-da. Und nun?

Ich würde zuerst mal in ein Restaurant fahren und mir den Bauch vollschlagen. Alles, was ich gerne mag, bestellen und nur ein bisschen davon essen und weiter bestellen. Vorher hätte ich mich todschick angezogen. Ein wenig verrückt, dafür Zeit zu verschwenden, aber ich will mich gut fühlen und dazu gehört eben auch das Äußere. Nach dem Restaurant würde ich ein paar Leute anrufen und so viele wie möglich zu einem bestimmten Platz bestellen, um einfach Zeit miteinander zu verbringen – einen Platz hätte ich, du auch? Dann würden wir über unsere gemeinsamen Erfahrungen reden und lachen.

Klingt bisher recht unspektakulär? Aber ich will an dem einen Tag auch keinen Bungeesprung oder so machen, nur weil das cool klingt, sondern lieber Zeit mit den Menschen verbringen, die mir wichtig sind.

Nach dem Treffen ist noch ein bisschen Zeit für etwas anderes. Nachdem ich also noch mal in dem Restaurant war, würde ich mir meine Laufschuhe anziehen und meine Lieblingsstrecke laufen und dabei ganz laut jeden Rocky-Soundtrack hören, den ich auf meinem iPhone habe. (Ja, das ist Schleichwerbung.) Ich würde laufen, bis die Lunge brennt, was ich mir vorstelle, weißt du mittlerweile ganz gut.

Danach würde ich eiskalt duschen, mir einen Kasten Bier kaufen und in den Wald fahren. Da setze ich mich auf einen Hügel und denke über alles nach, was ich erlebt habe. Klingt vielleicht einsam, aber in diesem Moment möchte ich lieber allein sein. Na ja, also eine Person kenne ich schon, die mitkommen kann. Absagen kann man eh nicht, weil man am letzten Tag von jemandem Zeit haben sollte.

Also, was mache ich? Essen, mit Freunden treffen, Sport, über die Vergangenheit nachdenken und vielleicht ein wenig Zeit mit einem ganz besonderen Menschen verbringen. Und was mache ich sonst jeden Tag? Essen, mich mit Freunden treffen, Sport, über die Vergangenheit nachdenken und vielleicht ein wenig Zeit mit einem ganz besonderen Menschen verbringen. Das Grundgerüst ist doch recht ähnlich. Ok, was fehlt ist: arbeiten, aufräumen und einkaufen und so was.

Ich verbringe also jeden Tag zumindest ein kleines bisschen, als wäre es der letzte. Ich finde, diese ganzen Zitate, dass man sein Leben leben sollte, als wäre der heutige Tag der letzte, bauen eine Erwartungshaltung auf, der man nicht nachkommen kann. Vielleicht sollten wir uns fragen, ob nicht schon viel so ist, wie wir es uns wünschen. Nur Wegwünschen und Wegträumen und das jeden Tag, ist irgendwie Flüchten.

Versteh' mich nicht falsch. Falls du das jeden Tag machst, dann ist das ok und kann sicher auch oft helfen, aber leben sollte man hier, und hier sollte man versuchen, seine Wünsche zu erfüllen, und nicht in Narnia, Mordor oder sonst wo.

Aber was wir, glaube ich, machen können, ist uns die Frage zu stellen, was wir an diesem Tag gerne machen würden. Weil wir dann merken, was uns wichtig ist und was uns wichtig ist, sollte auch viel Zeit in unserem Leben einnehmen. Wenn das bei dir nicht so ist, dann versuch' daran zu arbeiten. Je mehr Dinge wir tun, die uns wichtig sind, desto glücklicher werden wir. Also? Auf gehts. Wofür hast du zu wenig Zeit, das dir aber wichtig ist? Nimm dir Zeit. Und ja, die Zeit geht irgendwo anders verloren. Das ist so. Na und?

VIII

SCHULE – SINN ODER UNSINN

Wir müssen mal einen kleinen Sprung machen, aber daran hast du dich wahrscheinlich schon gewöhnt. Wir müssen zurück in die Schule. (Dass beide Sätze gleich beginnen, ist ein rhetorisches Mittel und kein Anzeichen für den nicht besuchten Autorenkurs.)

Was waren deine Lieblingsfächer in der Schule? Wo bist du am liebsten hingegangen? Meine waren, glaube ich, Sport, Geschichte und Philosophie.

Warum Sport? Ich glaube, bei den meisten Jungs war Sport weit oben auf der Liste, aber das ist egal, weil es um dich geht und um mich und nicht um alle anderen. Klar, in Sport gab es keine Hausaufgaben und meistens sind die Sportlehrer auch cool gewesen. Aber vor allem war Sport doch deswegen toll, weil man das in seiner Freizeit genauso gerne gemacht hat. Also, ich habe mich jetzt eher selten zuhause hingesetzt und freiwillig Matheaufgaben gelöst. Nein, ich habe Fußball gespielt, war laufen oder beim Handballtraining. Eben, weil es Spaß macht.

Geschichte. Hier hatte ich in der Mittelstufe einen überragenden Lehrer, einen Lehrer, der von der Vergangenheit erzählen konnte, als würde sie gerade stattfinden. Kennst du solche Lehrer? Also welche, die einfach so viel besser sind als alle anderen, und die einen für ein Fach so begeistern, dass es zu deinem Lieblingsfach wird. Unglaublich. In der Oberstufe hatte ich einen anderen Lehrer und war am Anfang natürlich noch immer unglaublich motiviert. Aber wie du dir denken kannst, war das schnell vorbei. Der Unterricht war nicht schlecht, sondern todlangweilig. Nach einem halben Jahr habe ich Geschichte gehasst. Das Schlimme daran waren nicht die schlechten Noten, sondern dass ich mich dafür nicht mehr interessiert habe. Der Traum, Archäologe zu werden, war verschwunden. Wenn ich daran zurückdenke, würde ich dem Lehrer gerne mal sagen, wie schlecht der Unterricht war, aber ich glaube, das wäre ihm wahrscheinlich egal.

Philosophie hatte ich bei einem äußerst strengen Lehrer, aber das Fach hat er trotzdem, oder gerade deswegen, interessant rübergebracht. Genau über das, worüber wir hier in dem Buch sprechen, haben wir oft geredet und es war immer so, dass man in der Stunde nach Philo mit seinen Gedanken noch woanders war. Vielleicht schreibe ich das Buch überhaupt nur deswegen, weil ich das damals schon so interessant fand.

Eigentlich passen die drei Fächer immer noch ganz gut zu mir und zu meinem Leben. Wie ist das bei dir? Welche Fächer mochtest du? Und vor allem, warum? Manchmal findet man ein bisschen was von sich darin wieder und weiß, warum man ein Fach besonderes mochte.

Warum ich das erzähle, hat einen anderen Grund. Schule entspricht in der Kindheit dem, was der Beruf später ist. Zumindest was die Zeit angeht, die beide in Anspruch nehmen. Ich habe mir am Anfang des Buches mal die Frage gestellt, warum mir niemand beigebracht hat, was der Sinn des Lebens ist, dann bräuchte ich mich damit gar nicht auseinanderzusetzen. Jemand, der sagt: „Felix, ist doch klar, was der Sinn des Lebens ist. Übrigens bringst du bitte noch den Müll raus?" Ich meine, was hat man nicht alles gelernt in der Schule. Wie Wechselstrom funktioniert, wann Leonardo Da Vinci gelebt hat, und wie viele Grundfarben es gibt, und das waren sicher noch die interessanteren Informationen. Aber über den Sinn des Lebens und andere Dinge habe ich wenig erfahren.

Wenn ich überlege, wie viel Zeit ich in der Schule verbracht habe und was ich davon noch weiß, ist das eigentlich erschreckend. Manchmal habe ich das Gefühl, ich hätte alles viel schneller gelernt, wenn es mich wirklich interessiert hätte. Ich bewundere Menschen, die sich für etwas begeistern können, was sie eigentlich nicht interessiert, nur weil es wichtig ist. Das ist bei mir nicht so. Ich habe dann keine große Lust, mich damit zu beschäftigen. Aber weil ich glaube, dass der Fehler nicht bei mir liegt, suchen wir den mal bei jemand anders.

Ich will keine Diskussion über das Bildungssystem anfangen, dafür habe ich auch zu wenig Ahnung davon, aber 13 Jahre Schule geben mir das Recht, mich zumindest zu äußern. Also hopp, hopp. Wir hauen mal ein paar Stammtischparolen raus.

Was soll der ganze Driss? Also, was lernt man eigentlich und wer braucht das überhaupt? Die Frage habe ich mir in meiner Schulzeit bestimmt tausendmal gestellt. Aber beantworten konnte mir das keiner. Klar, mit zehn Jahren weiß man nicht, was im Leben wichtig ist. Aber man weiß zumindest ein wenig, was einem selbst wichtig ist. Ich hätte schon sagen können, dass Kunst und Musik nichts für mich sind. Also Musik hören, klar, und von mir aus DJ werden, aber nicht Musik unterrichten, klassische Orchestergeige spielen oder ein Gemälde malen. Trotzdem hatte ich die Fächer ein paar unsinnige Jahre lang. Schlimm finde ich vor allem die Vorstellung, wenn man darüber nachdenkt, was man stattdessen alles hätte lernen können, weil es Dinge gibt, die ich lieber gelernt hätte. Jaja, die Schule kann einem nicht alles beibringen, aber sie sollte mir doch Dinge beibringen, die ich lernen und gebrauchen will. Ein paar Beispiele:

Handwerk. Ich war auf einem Gymnasium, ob das im Nachhinein gut war, frage ich mich selber. Nur weil ich in der Grundschule von meiner Lehrerin ein paar Sonnen in mein Schulheft bekommen habe, heißt das nicht, dass mich handwerkliche oder praktische Dinge nicht interessiert hätten. Das bisschen Physikunterricht meine ich nicht. Ich meine hämmern, bohren, einfach bauen. Ich finde, man sollte in der Schule lernen, was verschiedene Bohraufsätze sind, wie ich ein Regal an einer bröckeligen Altbauwand befestige oder wie man am besten die Spüle in die Arbeitsplatte einbaut. Nichts davon habe ich in der Schule gelernt. Klar, manches lehrt einen das Leben selbst. Blödsinn. Mir hätte es Löcher in der Wand, Geld und sicher eine Menge Zeit erspart, wenn ich ein bisschen besser informiert gewesen wäre. Und dass Akademiker immer Handwerker beauftragen, die alles erledigen, ist erstens Blödsinn und zweitens will ich manches selber machen.

Frauen. Überrascht? Ich weiß schon, was Frauen sind, und auch, woraus sie bestehen. (Also eigentlich weiß ich das nicht.) Nein, ich meine damit, wie man eine Frau anspricht, eine Frau kennenlernt und sowas. Einfach ein paar Informationen – das hätte geholfen. Diese ganzen Infos von schlauen Mitschülern waren nur selten belegbar. Ich hätte gerne ein paar Stunden zum Thema „geschlechterübergreifende Kommunikation und das Fehlverhalten junger Männer in Flirtgesprächen" gehabt. Am liebsten bei einem lockeren Lehrer, der das ganz einfach rüberbringt. Stattdessen habe ich mir im Biobuch eine nackte Frau angesehen und erklärt bekommen, was Brüste sind, oder Kondome über Holzpenisse gestülpt. Wow, das wusste ich ja noch nicht. (Das mit diesen Holzpenissen weckt ja auch keine Erwartungshaltung bei einem zwölfjährigen Jungen. Weißt du noch wie riesig diese Dinger waren?)

Kochen. Noch ein Beispiel. Als ich in meine erste eigene Wohnung gezogen bin, konnte ich gerade mal ein Spiegelei machen und auch nur eins mit kaputtem Eigelb. Auch da hätten ein paar Tipps in der Schule geholfen. Klar, die Eltern hätten das erklären können, aber 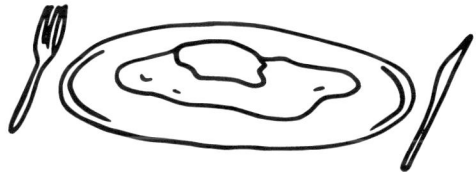 mit 13 stellt man sich nicht mit Mama in die Küche und kocht. Wie funktioniert eine Waschmaschine? Wie taue ich einen Kühlschrank ab oder wie schneidet man am besten Zwiebeln? Die Schule soll aufs Leben vorbereiten. Also bitte, dann brauche ich hier ein paar Infos.

Schulen in den USA bieten diese Fächer übrigens teilweise an, aber sollten uns die Amis wirklich im Sinn des Lebens voraus sein? Denn dann wären die ganz schön auf der Überholspur. Amerika gibt es doch erst seit 1492.

Mit diesen Beispielen könnte ich noch Seiten vollschreiben, aber darum geht es nicht. Es geht eher darum, dass wir oft solche Dinge lernen, die wir nie brauchen, und dafür eine viel wichtigere Frage selber beantworten müssen. Nämlich die Frage nach dem Sinn des Lebens. Also? Verzweifeln oder weiterbohren? Ich bin für Nummer 2. Was ist mit dir?

Dann bohren wir weiter. Es gibt zwar Fragen, auf die es keine Antwort gibt, aber wie traurig wäre das denn? Und Motivation haben wir doch genug, es geht schließlich um uns. (Wir sind kein Liebespaar, falls du das denkst oder hoffst.)

Ich habe den Laptop heute mal mit in den Park genommen, weil die Sonne scheint und es zuhause aussieht, als wäre eine Bombe explodiert. (In welchem Park verrate ich dir nicht, weil du sonst vorbeikommst.) Aber es ist ein richtig schöner Park mit einer riesigen Wiese. Ich liege hier quasi am Rand, wobei nicht viel los ist. Aber ich will auch ein bisschen Leute beobachten. Vielleicht kommen wir dem Ziel so näher. Ich meine, keine Strategie ist noch schlechter.

So liege ich hier und gucke mir Leute an, die hier langgehen. Nummer 1 ist eine junge Frau (vielleicht sollte ich mal winken), die sehr schnell geht. Das ist fast ein Laufen. Die Tasche ist fest über die Schulter gezogen und der Schritt ähnelt eher einem Marsch. Blick geradeaus, Lippen zusammengepresst, die hat definitiv ein Ziel vor Augen. Vielleicht macht sie das aber einfach nur, weil es 17:30 Uhr ist und alle normalen Menschen jetzt Feierabend haben und der neue Starautor lieber im Park liegt.

Nummer 2 ist eine ältere Dame (definitiv eine gute Frauenquote hier) mit Fahrrad und Gürteltasche oder wie man diese kleinen Taschen nennt, die so unglaublich wichtig sind. Nicht dass ich was gegen Gürteltaschen hätte, aber das ist so ein bisschen wie Handy am Gürtel. (Wieder ein paar Leser weniger.) Sie scheint aber die Sonne im Gegensatz zu unserer ersten Probandin wahrzunehmen und ein kleines Lächeln vermag ich auch zu erkennen. Wo sie wohl hinfährt? Zu ihrem Mann? Zum Abend-schwimmen? Zum Kegeltreffen? Auf jeden Fall freut sie sich darauf.

Nummer 3 ist ein junger Mann, vielleicht 17 Jahre, der Gang erinnert mich an meinen in dem Alter. Die Beine so breit auseinandergestellt, dass man glauben könnte, das Geschlechtsteil wäre ein direkter Verwandter des afrikanischen Riesenrüssel-Elefan-ten. Der Blick schweift hin und her, vielleicht liegt das an der wippenden Gangart. Die Kleidung unterstützt den ersten Eindruck. Weite Hose, warum ist, glaube ich, klar, und auch der Rest unterstützt das Gangsterimage. Alles in allem aber harmlos. Beim genauen Hingucken entdecke ich ein Schluffen. Der junge Mann hat, glaube ich, kein konkretes Ziel oder hat es nicht besonders eilig. Vielleicht müssen aber auch nur die neongelben Schuhe unauffällig eingelaufen werden.

Warum ich das überhaupt erzähle? Nicht weil ich als Hobbypsychologe jetzt aus dem Gang der Leute erkenne, wer sie sind oder was sie tun, sondern weil alleine in den zehn Minuten, in denen ich hier liege, mindestens hundert Leute an mir vorbeigelaufen sind. Männer, Frauen, jung und alt, alleine und zu zweit, mit Anzug oder Trainingsanzug, auf dem Weg nach Hause oder beim Sport. Jeder von ihnen hat ein anderes Ziel, jeder hat etwas anderes, das ihn oder sie antreibt und jeder von ihnen hat sich schon mal Gedanken darüber gemacht, was der Sinn des Lebens ist. Wir sind sicher nicht allein, wenn wir uns fragen, warum wir überhaupt hier sind. Sondern wir sind viele, sehr viele, alle.

Vielleicht müssen wir uns also die Leute im Park oder auf der Straße ab und an mal anschauen, um zu merken, dass es bestimmt auch andere Menschen gibt, die sich fra-gen, was das alles soll und wie das überhaupt funktioniert. Ich finde das beruhigend. Wenn man sich mit einer Frage beschäftigt, dann ist es schön zu wissen, dass andere das auch tun.

IX

EIN ROSINENBRÖTCHEN

———

Ein Pärchen besteht meistens aus zwei Leuten, also einem Mann und einer Frau oder anderen Kombinationen. Aber wie viele von diesen Männern und Frauen gibt es denn insgesamt? (Diese Herleitung ist mit Abstand die schlechteste im ganzen Buch.) Also, damit meine ich nicht nur auf der Erde, sondern insgesamt, ob wir das jetzt Universum, Weltall oder Oben nennen, ist mir eigentlich egal.

Hast du dir schon mal die Frage gestellt, ob wir allein sind? Bestimmt, oder? Also, das ist jetzt keine Frage, mit der ich mich jeden Tag beschäftige, dafür bin ich auch einfach zu dumm, aber ich finde das schon interessant. Wenn ich also nach oben blicke, was sehe ich da? (Wenn du jetzt die Decke im Wohnzimmer siehst, gehst du vielleicht kurz vor die Tür.) Also, ich sehe gerade einen blauen Himmel. (Irgendwo habe ich mal gelesen, warum der Himmel blau ist. Das habe ich aber wieder vergessen.) Aber wo hört mein Sichtfeld auf? Ich meine, ich sehe nicht alles, weil ich sonst auch irgendwelche Sterne etc. sehen würde. Wenn mein Blick aber jetzt unendlich wäre (komm', spiel mal mit), wo würde er dann enden? Nie, auf irgendeinem Planeten oder vielleicht bei einem riesigen Monster, das Planeten frisst?

Die Frage ist, wie viel wir überhaupt sehen und wahrnehmen von dem ganzen Zeug hier. Als ob bei dieser Anzahl von Planeten die Erde der einzige mit Menschen ist? Ich benutze auch bewusst den Begriff „Menschen", weil es Leben sicher woanders gibt. Oder es gibt wirklich so ein paar abgedrehte Aliens, die unbedingt jemandem den Kopf abbeißen wollen. (Du bist zuerst dran. Ich schubse dich.)

Ich habe da eine Theorie: Was wäre, wenn wir nur einen Teil von dem sehen, was wirklich ist, und dieser Teil uns einen falschen Gesamteindruck vermittelt? Wie wenn man nur eine Rosine sieht und nicht weiß, dass sie zu einem Rosinenbrötchen gehört. (Das Beispiel ist natürlich von mir.) Die Erde ist eine Art Regentropfen und

alle anderen Planeten sind auch Regentropfen, die zusammen auf dem Weg zum Boden sind. Diese Regentropfen sind Bestandteil einer Welt, die wir uns gar nicht vorstellen können. Bedeutet, dass wir noch viel kleiner sind, als wir denken. Die Erde ist rund, Regentropfen auch und auf der Erde gibt es Wasser, und Regentropfen sind doch aus Wasser. Könnte also hinkommen, oder? (Ich habe das ungefähr zehnmal umformuliert und es wird immer noch nicht klar.)

Klingt im ersten Moment weit hergeholt, aber weder du noch ich wissen, wie es wirklich ist, also können wir auch nicht sagen, ob das stimmt. Jedenfalls sind wir mit der Lösung der Frage, ob wir alleine sind, nicht besonders weit. Aber wir sind schließlich auch keine Astrophysiker.

Wie oft guckst du am Tag nach oben und fragst dich, was da um dich herum passiert? Vielleicht rast ja auch gerade ein Höllenkomet Richtung Erde oder der Regentropfen schlägt morgen auf den Boden, und du beschäftigst dich mit dem Sinn des Lebens? Wäre dann wohl Zeitverschwendung.

Aber bevor du aufhörst weiterzulesen, will ich dir sagen, warum ich das erzähle. In meinem glorreichen BWL-Studium habe ich gelernt, dass es eine Vogel- und eine Froschperspektive gibt. Also das Dinge von weit oben oder von Nahem betrachtet werden können. Wobei der Vogel nach unserem Beispiel von oben betrachtet eigentlich nur ein großer Frosch ist.

Also sollten wir mal einen Schritt zurückgehen und uns gewisse Dinge mit ein bisschen Entfernung anschauen, um zu erkennen, wie wichtig sie wirklich für unser Leben, die Menschheit oder das Universum sind. Es gibt immer eine Sichtweise, in der sie unwichtig erscheinen. Klar, es geht um uns und was scheren mich die anderen oder das Universum. Aber manchmal hilft es ganz gut, ohne sich dabei gleich unbedeutend zu fühlen. (Da ist hoffentlich noch etwas Motivation von vorhin vorhanden, sonst kriegst du gleich noch mal ein bisschen neue.)

Liegt also der Sinn des Lebens darin, einfach mal ein bisschen Weitblick anzuknipsen und gerade Probleme mit Entfernung zu betrachten?

Vielleicht hätte ich vor dem Schreiben mal einen Plan erstellen sollen, so eine Art Lösungsschema oder eine Mindmap, wie man vorankommt, oder zumindest ein Inhaltsverzeichnis. Habe ich aber nicht. Eigentlich ist das ja auch nur ein kleines Gespräch und die haben doch meistens keinen konkreten Ablauf, oder?

Ich habe gestern in einem Vortrag etwas Interessantes gehört, das uns vielleicht hilft. Ich fasse das mal einfach zusammen: Es gibt in unserem Gehirn Neuronen. Und einige dieser Neuronen nennt man Spiegelneuronen.

Kennst du die Situation, wenn der Kapitän deiner Mannschaft am Elfmeterpunkt steht, anläuft, den Elfmeter verwandelt und deine Mannschaft die Champions League gewinnt? (Frauen bitte an dieser Stelle „Kapitän" und „Elfmeterpunkt" durch „Ballerina" und „Auftritt" ersetzen. Eine Champions League gibt es sicher auch im Ballett.)

Dieses Gefühl, als hättest du den Ball selber reingeschossen, als wärst du der Star in dem Moment. Oder die Situation, wenn 007 den Bösewicht im Film gerade ausgeschaltet hat. Wer will schon der Bösewicht sein? Genau dieses Gefühl produzieren die Spiegelneuronen. Wenn man sich voll und ganz in andere hineinversetzt, quasi eine Art Körpertausch.

Ich glaube, das Gefühl kennst du, oder? Also, ich kenne das genau und sonst wären die Filme auch langweilig. Wie oft wünschst du dir, mit jemandem zu tauschen, der nicht in einem Film oder deiner Lieblingsmannschaft mitspielt? Ich glaube, da gibt es eine

Menge Menschen, die ihr Leben gerne mit einem anderen tauschen würden, weil es etwas gibt, was ihnen fehlt, und was sie bei anderen begehren.

Würdest du mit jemandem tauschen wollen? Also alles. Nicht nur Geld, das Haus, den Körper oder sonst was. Einfach alles, was die Person ausmacht. Materielle Dinge genau wie Geist, Seele, Familie und Freunde. Ich will dir keine Moralpredigt halten, wenn du das tun willst. Ich bin ja kein Therapeut, also sei gefälligst ehrlich.

Wir haben oben schon mal die Liste der Punkte erstellt, die glücklich machen sollen – diese Sache mit den acht Säulen. Wenn wir jetzt alle Menschen der Welt in eine riesige Lostrommel werfen und jeder darf einmal hineingreifen und jemanden herausziehen, der er dann ist. Würdest du mitspielen? Also, ich meine, der Einsatz ist hoch. Wer weiß, wen du ziehst. Einen reichen Opa aus Texas, eine junge Afrikanerin, oder vielleicht ist auch ein Platz im Gefängnis drin?

Würdest du mitspielen? Gerade in Momenten in denen wir nicht wirklich glücklich sind, denkt man häufig darüber nach, oder? Nur dann will man das Leben mit jemand Bestimmtem tauschen und nicht unbedingt in diese Lostrommel greifen. Leider ist das gegen die Spielregeln.

Also? Was ist jetzt? Wenn, dann jetzt oder gar nicht. Ich kann das für dich veranlassen. Ich glaube, fast keiner von uns würde mitspielen. Wenn du schon das Geld für dieses Buch ausgibst, dann gehörst du eindeutig zu der Hälfte der Bevölkerung, der es bessergeht. Und das alles müsstest du aufs Spiel setzen. Wer weiß, wo du nachher landest.

Ist alles also doch nicht so schlecht, wie es scheint?

MIT ETWAS ANDEREM BEZAHLEN

———

Hast du dich schon mal damit beschäftigt, was in den vergangenen Jahren jeweils das Wertvollste für dich war? Mach das mal und du erkennst schnell, wie sich das verschoben hat.

Damit meine ich nicht, wie Ansprüche sich ändern und dass man früher froh war, ein Dach über dem Kopf zu haben. (Diesen Satz habe ich schon hundertmal gehört).

Sondern ich meine damit, was du in diesem Moment als das Wertvollste in deinem Leben angesehen hast. Was ist die Währung, mit der alles bezahlt werden sollte? Euro? Dollar? Gold? Oder doch vielleicht etwas anderes?

Denk mal darüber nach, vor allem über die Punkte, über die wir schon gesprochen haben. Um unser Leben zu genießen, brauchen wir zunächst nicht unbedingt Geld, sondern Zeit. Ja, klingt vielleicht ein wenig banal. Aber ohne Zeit sind doch die meisten Dinge nicht möglich und eigentlich hat man immer zu wenig davon.

Ich habe keine Zeit. Keine Zeit darüber nachzudenken, wie ich es hätte anders machen können. Alles bewegt sich weiter und der jetzige Moment ist schon wieder Vergangenheit. Wir brauchen mehr Zeit. Mehr Zeit zum Leben, mehr Zeit für Dinge, die uns wichtig sind. Aber unsere Zeit ist endlich. Wie eine Sanduhr, die abläuft. (Mir ist bewusst, dass das wenig motivierend klingt.) Und diese Sanduhr können wir nicht umdrehen und von vorne laufen lassen. Also müssen wir die Zeit so nutzen, dass jedes Sandkorn einen Sinn hat. (Wieder ein Vorschlag für das Zitatlexikon.)

Versuch: Stell' dir doch mal einen einzigen Tag lang vor, dass Zeit deine Währung ist. Rechne nicht in Geld oder anderen Dingen, sondern in Zeit. Und überlege dir selber, wie viel Zeit du für Dinge aufwendest, die dir wichtig sind, und wie viel für andere.

Arbeite dafür, dass du mehr Zeit hast, dass du diese gewonnene Zeit einsetzt, um Zeit zu gewinnen. Und am Ende gewinnst du immer mehr Zeit.

Ich nehme mir die Zeit jetzt auch mal und gehe in ein kleines Café. Meine Bestellung ist schnell gemacht und zum Kaffee gibt es Schokokuchen. Schokokuchen dient als Synonym für alles, was schmeckt. Du kannst dir bestellen, was du willst. Generell gibt es verschiedene Süßigkeiten-Typen. (Wenn du jetzt denkst, dass ich eine Liste erstelle, dann liegst du total richtig.)

Also erst mal gibt es bekanntlich den Schokoladentyp. Also egal welche Sorte, ob weiß oder braun, ob mit Nüssen oder als Soße. Dazu gehöre ich. (Das war nach der Einleitung in das Buch auch nicht wirklich schwer zu erraten.)

Dann gibt es noch den Gummi-Typen, der vor allem die ganzen HARIBO-Sachen isst. Frösche, Schlümpfe, Cola-Flaschen und so weiter. Ob süß, sauer oder Lakritz spielt dabei keine Rolle. Sonst wird das hier zu kompliziert und wir müssen nachher ein riesiges Baumdiagramm zeichnen, das keiner versteht.

Typ 3 ist der Salzig-Typ. Dazu gehören auch alle, die Chips und so etwas gerne mögen. Mir ist leider kein besserer Oberbegriff eingefallen. (Vorschläge für die zweite Auflage an mich.) Gerade bei Chips gibt es jede Geschmacksrichtung. Currywurst, Chips mit

Schokolade oder mit Essig, ungarisch oder andere Nationalitäten. Ich glaube, da findet jeder irgendwas.

Die meisten würden vielleicht sagen, dass sie alles oder gar nichts mögen. Aber irgendwo ganz tief in sich drin hat man immer einen Favoriten. (Das kannst du leider selber nicht sehen, das kann nur ich. Sorry.)

Also, wenn ich Heißhunger auf Schokolade habe, dann ist das eher wie eine Krankheit, weil ich dann nicht gesittet einen Riegel esse, sondern alles aufesse, was da ist. Aber alleine das Gefühl, wie die Schokolade auf den Backenzähnen schmilzt, ist ganz weit vorne in meiner Volle-Punktzahl-Liste.

Sollen wir uns eine Tafel reinhauen? Oder eine Tüte Chips aufmachen? Komm' schon, du bist die ganze Zeit schon so unentspannt. Also ab in die Küche oder dahin, wo du den Stoff versteckt hast. Ich würde mir eine Tafel Rittersport Traube-Nuss holen. (Ja, wieder absolute Schleichwerbung.)

Die Tafel Schokolade krieg ich leicht besorgt, aber wer ist eigentlich dafür zuständig, ob wir den Sinn des Lebens finden und wie wir den erreichen?

Dafür zuständig ist, oh Wunder, jeder selbst. Also, niemand anders kann für das Glück oder irgendeinen anderen Sinn sorgen, das kannst nur du selber. Ich glaube, es gibt viele Menschen, die ihr Glück im Leben eines anderen suchen und sich selbst dabei vergessen. Aber letztendlich kriegt man alles nur ans Laufen, wenn man es selber anschmeißt. (Der schlechte Versuch einer Metapher.) Nur weil ich weiß, dass ich für mein Glück zuständig bin, heißt das aber nicht, dass ich weiß, wie ich vorgehen soll, und vor allem, dass ich die Energie dazu habe.

Mein alter Uni-Professor hat immer gesagt: „Stillstand ist Rückschritt." Passt das? Ich weiß nicht genau. Irgendwie kann Stillstand auch was Schönes sein, oder? Wenn ich gerade das Gefühl habe, dass alles passt, dann will ich gar nichts ändern, sondern am liebsten die Situation einfrieren. Ich finde, Stillstand ist nur dann Rückschritt, wenn ich mit der derzeitigen Situation nicht zufrieden bin. Dann sollte ich etwas ändern. Eigentlich ist jeder Moment, in dem ich unglücklich bin und in dem ich nicht versuche, etwas zu ändern, doch verschenkt. (Ein Hinweis meiner Lektorin: Es gibt da wohl eine Situation mit Carry und Mister Big im Park.)

Aber was wohl stimmt, ist, dass wir selbst unseren Allerwertesten hochbekommen müssen, wenn wir etwas ändern wollen. (Ich hätte statt „Allerwertesten" lieber ein anderes Wort benutzt.) Nur du kannst etwas ändern und nicht Mami, Papi, dein Freund oder dein Chef. Glück kann dir schließlich nicht in den Schoß fallen. Für manche Dinge muss man mehr geben als für andere. Am Meer war ich schnell, dafür sind andere Dinge viel schwieriger zu erreichen. Wie viel Energie hast du? Genug, um anzufangen? Es gibt da ein gutes Zitat, das geht ungefähr so:

„Gewinnen beginnt mit beginnen." [10]

Ich finde, das allein motiviert schon, oder? Also komm, ab die Post, das ist ein Motivationskapitel, also musst du mitmachen, sonst können wir uns das Ganze direkt sparen. Schau' mal, erfolgreich, reich oder geliebt wirst du nur, wenn du was dafür tust. Klar, oft musst du dafür in Vorleistung gehen und manchmal kommt auch nichts zurück. Aber ist das nicht immer so? Du rollst den Stein dreimal den Berg hinauf

---

10   William Shakespeare. 23. April 1564 – 3. Mai 1616.

und er rollt kurz vor dem Gipfel wieder herunter, aber dann, beim vierten Mal, schaffst du es und dann stellst du dich oben hin und schwenkst deine Flagge und bist der König der Welt.

Fang' nicht morgen an, sondern jetzt. Nur dann bist du dir selbst gegenüber ehrlich. Nicht weil das besser klingt, sondern weil du sonst schon Zeit verschenkst, die du für andere Sachen brauchst, die dich ein bisschen glücklicher machen. Und wenn du beim ersten Mal auf die Schnauze fällst (hier will ich jetzt einfach das passende Wort benutzen), dann steh gefälligst auf und versuch' es noch mal. Und denk' dran, dass der Mut, es zu versuchen, manchmal mehr wert ist als der eventuelle Sieg, wenn du es geschafft hast.

Ein Beispiel: Ein guter Freund von mir sieht in der Stadt eine unglaublich hübsche Frau. So hübsch, dass sie noch zwischen hundert Frauen heraussticht und er sich fragt, ob er sie ansprechen soll. Er macht es zuerst nicht, weil er glaubt, dass er scheitern würde, und dass so eine Frau sicher einen Freund hat. Aber dann macht er es doch. Und sie hat tatsächlich einen Freund. Aber weißt du, die Power zu haben, hinzugehen und die Frau anzusprechen und es einfach zu versuchen, ist viel mehr wert als alles, was noch kommen kann. Natürlich ist es toll, wenn man es auch schafft, aber als er hinging mit seinen wackeligen Knien und dem Summen im Kopf, hat er sich selber bewiesen, was er zu leisten imstande ist.

Das lässt sich auf so viele Bereiche übertragen. Viel zu oft sagen wir nichts und wissen gar nicht, was uns entgeht und was wir hätten schaffen können. Wie ein schlafender Riese. Vielleicht bist du für irgendwas bestimmt und weißt es gar nicht, weil du es nie probiert hast.

Als Jugendlicher habe ich ungefähr jede Sportart ausprobiert. Fußball, Handball, Tennis – weil ich das Gefühl hatte, irgendwo ein unglaubliches Talent zu haben. Natürlich hatte ich das nicht, aber was ich dadurch gelernt habe, ist eben, dass man Sachen aus-probieren muss, wenn man wissen will, ob man für irgendwas vorgesehen ist.

Du musst dein Ziel natürlich auch benennen können. Und ja, manchmal befindest du dich mit anderen im Wettstreit. Und links und rechts neben dir stehen andere, die das Ziel auch erreichen wollen und manchmal ist der Preis nur einmal da. Also nach dem Motto: Es kann nur einen geben, und wenn du der eine sein willst, dann musst du mehr geben als die anderen und vielleicht länger durchhalten. Gott sei Dank gilt das nicht für alles. Das wäre auch viel zu anstrengend. Du musst manchmal einfach anfangen, auch wenn du vielleicht denkst, dass der Zeitpunkt dafür nicht der richtige ist. Manchmal kommt nie ein richtiger Zeitpunkt und du wartest ewig auf eine beste Situation, die es aber nie geben wird. Also jetzt starten oder nie. Die Entscheidung liegt ganz allein bei dir. Du musst deinen Blick auf das Ziel richten und deine Energie darauf lenken, nur so kommst du an. Manchmal lässt man sich dabei viel zu leicht von anderen vermeintlich wichtigeren Dingen ablenken. Das merke ich gerade bei Dingen, vor denen ich mich drücken will. Dann gibt es auf einmal viele scheinbar wichtigere Sachen, die ich unbedingt machen muss und ach, auf einmal ist keine Zeit mehr für das, was eigentlich wichtig war. Die Reihenfolge ist falsch. Du solltest mit dem Wichtigen anfangen und nicht mit dem, was unwichtig ist. Leicht und schwer sind dabei nicht mit wichtig und unwichtig gleichzusetzen. Manchmal gibt es nämlich auch Wichtiges, was du leicht erreichen kannst.

Dabei musst du dich oft selbst motivieren. Du bist der Läufer, aber auch der, der am Seitenrand steht, der dir zuruft, und der, der am Ziel auf dich wartet. (Willkommen in der Welt der multiplen Persönlichkeitsstörung.) Das alles bist du und niemand an-ders. Irgendwo habe ich mal gelernt, dass es intrinsische und extrinsische Motivation gibt. Intrinsische Motivation ist die, die in dir selbst steckt, wenn du dich für etwas motivierst. Und extrinsische Motivation ist die Motivation, die von außen kommt. Rate mal, was stärker ist? Richtig, die Motivation, die wir in uns selbst haben. Natürlich ist es toll, wenn uns andere unterstützen und helfen, Ziele zu erreichen, aber der Hauptteil der Energie kommt aus uns selbst. Also guck', dass du deine Maschine ans Laufen bekommst. Das Rad dreht sich nur, wenn du es selber anschmeißt.

Eigentlich wäre das ein schöner Schlusssatz für das Kapitel. Aber irgendwie mag ich das Thema. Also bleiben wir noch ein bisschen dabei. Welches Ziel hast du und wie stellst du dir das Ganze vor? Du wirst doch ein Bild vor Augen haben? Ich finde, das hilft ungemein, weil allein die Vorstellung zumindest glücklich macht. Und wie können wir uns am besten etwas vorstellen? Wenn wir es genau vor Augen haben. Also? Lass uns mal eine Runde malen. Ja, das ist mein Ernst und ja, ich kann es nicht. Du? Komm' schon. Nachdem wir nun schon so viel geteilt haben, können wir das auch noch machen. Also, wir malen einfach eine Runde das, was wir jetzt als Ziel in unserem Kopf haben. Wo du hinwillst, was du dir wünschst für das nächste Jahr, für jetzt, oder was du gerne hättest. Was du malst, entscheidest nur du. Male mit einem Kuli, mit einem Lippenstift oder mit irgendetwas anderem, wenn du wie ich keine Buntstifte und keinen Malkasten zu Hause hast.

3, 2, 1, los gehts.

Was hast du gemalt? Lass' mal sehen, du Künstler. Gefällt es dir selbst? Also nicht deine zeichnerische Kunst, sondern was du da siehst.

Also, mein Bild macht mich glücklich. Vor allem die Vorstellung, dass ich das alles irgendwann besitze. Natürlich stehe ich im Mittelpunkt meines eigenen Bildes, wer denn sonst. Ich bin schließlich egozentrisch veranlagt und ich will erst mal alles für mich und nicht für jemand anders. Bist du auch auf deinem Bild oder hast du nur Schatztruhen mit Gold und Häuser gemalt? Erzähl' mal.

XI

ICH BIN OPTIMIST

———

Was glaubst du: Sind die meisten Menschen eher Pessimisten oder Optimisten? Denk' mal scharf nach. Die meisten Menschen, die mir bisher begegnet sind, waren nach eigener Meinung eher Pessimisten, weil sie alles ganz „realistisch" sehen. Realismus ist also, Dinge möglichst negativ zu betrachten oder kein großartiges Ergebnis zu erwarten? Was für ein Quatsch, zumindest meiner Meinung nach. Realismus ist vollkommen ok, und mit einer rosaroten Brille durch die Welt zu laufen, ist auch keine Lösung. Aber alles negativ zu sehen, um möglichst nicht enttäuscht zu werden, ist noch weniger eine Lösung.

Wusstest du, dass Menschen, die Dinge optimistischer sehen, auch mehr erreichen als solche, die alles negativ bewerten? Ich finde das interessant, weil eigentlich ist das eine nur eine Vorstellung und das andere wirklich messbar. Optimistische Menschen werden übrigens auch weniger krank. Das finde ich bemerkenswert.

Ich finde die Einstellung vor allem in Bezug auf andere Menschen interessant. Wie bist du, wenn du jemand Neues kennenlernst, also, ich meine keinen potenziellen Partner, sondern wenn ein Freund einen Arbeitskollegen zum Fußballabend mitbringt? (Kommt jetzt hier ein Fragezeichen hin?) Oder wenn deine beste Freundin ihre Cousine zum Tupperabend mitbringt? (Dieses Buch ist so klischeehaft.) Gehst du dann offen mit der neuen Person um? Was ist deine generelle Einstellung? Bist du positiv, direkt negativ oder neutral eingestellt? Eigentlich sollte man doch jedem eine Chance geben, uns davon zu überzeugen, dass er ein netter Mensch ist, oder? Also sollte man der Person gegenüber eigentlich nicht nur neutral, sondern positiv eingestellt sein. Und meistens ist es so, dass sich diese Person wohler fühlt, wenn man ihr gegenüber positiv auftritt. Also tun wir nicht nur etwas Soziales, sondern sorgen gleich noch für eine bessere Stimmung und davon hast du schließlich auch etwas, oder? Du alter Miesepeter.

Hast du schon mal gehört, dass du ein Weltverbesserer bist und einfach alles besser machen willst? Das habe ich in der Vergangenheit schon oft gehört. Nicht weil ich so ein Träumer bin, sondern weil ich finde, dass man nicht alles hinnehmen muss, wie es ist. Leider kämpft man manchmal alleine gegen hundert Windmühlen. Aber wenn ich nur eine davon gedanklich zum Einsturz bringe, hat sich der Kampf gelohnt. Es gibt tausend Dinge, die ich nicht nachvollziehen kann und auch nicht verstehen will, egal, ob mir das jemand hundertmal erklärt. (Spürst du den Aufruhr?)

Manchmal würde ich dann gerne die Zeit anhalten? Also, meine Zeit läuft weiter, aber alles andere bleibt stehen. Ich habe endlich die Zeit, mir alles ganz genau anzuschauen – jedes Detail. Die Zeit, die mir sonst fehlt. Kannst du dir das vorstellen? Du gehst zwischen allen anderen hindurch, während sie mit offenem Mund mitten auf der Straße stehen, du gehst ins Café und klaust dir ein riesiges Stück Schokoladentorte.

Manchmal stelle ich mir das vor, weil dann auch niemand anrufen, simsen, facebooken oder sonst was kann – schöne Vorstellung. Ich würde definitiv auch irgendwas klauen. (Falls diese Aussage an sich schon strafbar ist, dann ist mir das egal.) Aber ich finde die Situation muss man ausnutzen, und wenn es nur ein Stück Kuchen ist, das ich halb gegessen zurücklege.

Aber warum erzähle ich das überhaupt? Nicht weil wir endlich Zeit für alles haben, darüber hatten wir schon gesprochen. Nein, damit wir Zeit haben, uns gewisse Dinge in Ruhe anzuschauen und zu überprüfen, ob unser erster Eindruck der richtige war. Denn eines kannst du mir glauben, oft ist der erste Eindruck komplett falsch oder sogar das Gegenteil von dem, was wirklich ist.

Und mit „anschauen" meine ich wirklich alles. Bestimmte Dinge mal hinterfragen, sich tiefer damit auseinandersetzen, sie komplett umdrehen. Das kannst du mit deiner Wohnung, deiner Beziehung, Freunden oder deinem Auto machen. Oft gibt es Sachen, die wir schon lange mit uns herumtragen, die aber eigentlich nicht zum Glücklichsein beitragen. Ja, du hast Recht, nicht alles muss zwangsläufig glücklich machen und

Glück lässt manchmal auch nach. Aber trotzdem, schau' dir einiges an und frage dich, was der, die oder das dazu beiträgt, dass du glücklich bist. Ich meine, wir erwarten so viel von uns, dann können wir das auch von anderen. Ja, und sogar von Gegenständen. (Mir ist schon bewusst, dass Dinge nicht lebendig sind.)

Ich erwarte von den Dingen um mich herum eine Menge, weil ich eben weiß, dass mein Glück nicht nur aus mir heraus entsteht, sondern eben auch stark von anderen Faktoren abhängt. Ein Beispiel? Kriegst du:

Fangen wir mit etwas ganz Banalem an – dem Auto. Wenn du keines hast, ist das wieder dein Problem. Ich bin ziemlich lange das gleiche Auto gefahren und das Ding lief auch ganz gut. Ich bin kein Autonarr und deshalb war mir das Auto auch nicht übertrieben wichtig. Gut, ich bin ein Mann und ich liebe Autos. Alles andere war gelogen. Es begab sich, dass ich morgens bei herrlichem Sonnenschein in mein Auto stieg und mich fragte, warum ich das Dach nicht abmachen kann, und so habe ich das Cabrio erfunden. Jetzt ist es raus und du kennst das Geheimnis meines Reichtums. Frag' dich mal, warum das Cabrio „Cabrio" heißt. Genau, weil ich eigentlich Felix Cabrio heiße. (Der Witz ist bewusst etwas flach gewählt, weil ich gerne jede Lesergruppe ansprechen möchte – auch dich.)

Nein, ehrlich, ich hatte Lust auf ein Cabrio und habe mich gefragt, warum ich keines habe. Normalerweise erstelle ich dann immer Pro-Kontra-Listen, manchmal sogar mit Excel, aber diesmal nicht. Ich habe im Internet geguckt, was ich für mein altes Auto bekomme und ob das Geld für ein Cabrio reicht. Und Glück gehabt, das passt. Also altes verkauft und Cabrio her, kein toller Mercedes, sondern einfach ein Cabrio. Wenn ich jetzt morgens ins Auto steige, die Sonne scheint und ich das Dach aufmache, sofern es nicht klemmt, fahre ich mit einem ganz anderen Gefühl. Bist du schon mal Cabrio gefahren? Ich meine selber gefahren und alleine im Auto? Bei 30°C, Sonne und 180 Stundenkilometern auf der Autobahn? Das ist wirklich ein tolles Gefühl, wenn einem der Wind um die Ohren fliegt. (Mein Cabrio fährt leider nicht 180, aber auch bei 120 funktioniert das Beispiel.)

Was ist also die Lehre dieser Geschichte? Einfach manches hinterfragen und über-legen, wie viel es zum Glücklichsein beiträgt. Eigentlich wollte ich noch etwas anderes mit dir versuchen, aber nachdem wir eben erst gemalt haben und du auch schon ir-gendwelche Listen geschrieben hast, habe ich Angst, dass mir irgendjemand vorwirft, ich würde zu viel vom Leser erwarten, und deshalb hätte jeder ein Burn-out, der mein Buch liest. Aber irgendwie ist mir das wieder egal, und außerdem verpflichtet das Buch eben zu aktiver Mitarbeit.

Die Zeit steht still und wir können uns alles anschauen, was uns umgibt. Und da wir beide so bildhafte Menschen sind, brauchen wir Platz und einen Stift. Jetzt malst du eine Kuh in die Mitte. Eine lila Kuh, bitte. Eigentlich würde ich jetzt gerne einen Smiley machen, aber dann haben wir das Restniveau verloren. 　ツ
Natürlich malst du keine Kuh, sondern schreibst deinen Namen in die Mitte.

Ein Psychologe könnte wahrscheinlich an der Größe, in der du deinen Namen ge-schrieben hast, erkennen, was du für ein Typ bist. Aber das ist für uns nicht wichtig. Jetzt musst du kurz ein bisschen nachdenken. (Das ist leider nicht anders möglich.) Überlege mal, welche Dinge dich so umgeben. Mit „umgeben" meine ich jetzt nicht räumlich, sondern viel mehr das, was dich in deinem Leben begleitet, dir beisteht,

 teil an deinem Leben hat. Das können Freunde, Gegenstände oder sonst was sein. Diese Dinge schreibst du jetzt auch auf das Blatt, irgendwohin. Du könntest auch immer ein kleines Symbol dazu malen. Ein Strichmännchen für Men-schen, ein Haus für die Wohnung, oder was auch immer. (Da wir alles gemeinsam machen, muss ich dir sagen, dass

ich keine Symbole male, weil die dann bei mir aufgrund meines künstlerischen Talentes nicht zum Begriff passen. Du hingegen musst das machen.)

Fertig? Ich habe keine Lust mehr zu warten. Also gucken wir uns an, was du gezaubert hast, du Künstler. Welche Begriffe hast du aufgeschrieben und vor allem was hast du gemalt? Welche Dinge hast du nah an deinem Namen gemalt und welche weit weg, und was hast du irgendwo dazwischen gequetscht? Weißt du noch, was du als Erstes geschrieben hast und was ganz am Ende? Allein aus diesen ganzen Dingen kann man eine Menge erkennen. Aber wir wollen uns das Ganze aus einem anderen Blickwinkel anschauen.

Such' dir mal einen bestimmten Begriff aus und sag mir, ob dich das, der oder die glücklich macht. Eine Wohnung sollte nicht nur das Dach über dem Kopf sein, sondern eben auch Heimat. Ein Bruder sollte nicht nur ein Bruder sein, weil er die gleiche Mutter hat, sondern auch ein ganz besonderer Mensch. Sonst wäre wohl im Slang das Wort „Bruda" nicht so weit verbreitet.

Natürlich ist das einfach gesagt, und so einfach wird es nicht bei jeder Sache, aber vielleicht findest du etwas, das dich nicht glücklich macht, was du aber ändern kannst, oder etwas, wo du selber einen Schritt tun musst, um es von „neutral" auf „glücklich" zu schieben. Gehe ruhig alle Punkte durch und überlege, wo du was tun kannst, oder wo vielleicht auch eine bestimmte Sache keinen Platz auf deinem Zettel haben sollte. Wir finden bestimmt was und ich helfe dir gerne dabei, und wenn es nur symbolisch ist. Ich habe eine Sache gefunden und die ändere ich jetzt. Aber davon später mehr. Was ist mit dir?

Ich muss jetzt leider einen kleinen Sprung machen: Hast du dich schon mal gefragt, warum manchmal alles von alleine klappt und dann wieder eine Zeit lang gar nichts geht? Als würde alles in Stufen passieren. Manchmal ist eine Stufe hoch und wir verharren lange davor, bis wir die Herausforderung annehmen und manchmal gleiten wir schon fast dahin und überspringen gleich zwei auf einmal. (Keiner macht solche Metaphern wie ich.)

Es gibt ein tolles Gedicht von Hermann Hesse, das ich dir gerne einmal vorlesen möchte. (Vorlesen? Logik? Keine.):

„Wie jede Blüte welkt und jede Jugend Dem Alter weicht, blüht jede Lebensstufe, Blüht jede Weisheit auch und jede Tugend Zu ihrer Zeit und darf nicht ewig dauern. Es muss das Herz bei jedem Lebensrufe Bereit zum Abschied sein und Neubeginne, Um sich in Tapferkeit und ohne Trauern In andre, neue Bindungen zu geben. Und jedem Anfang wohnt ein Zauber inne, Der uns beschützt und der uns hilft, zu leben. Wir sollen heiter Raum um Raum durchschreiten, An keinem wie an einer Heimat hängen, Der Weltgeist will nicht fesseln uns und engen, Er will uns Stuf' um Stufe heben, weiten. Kaum sind wir heimisch einem Lebenskreise Und traulich eingewohnt, so droht Erschlaffen, Nur wer bereit zu Aufbruch ist und Reise, Mag lähmender Gewöhnung sich entraffen. Es wird vielleicht auch noch die Todesstunde Uns neuen Räumen jung entgegen senden, Des Lebens Ruf an uns wird niemals enden... Wohlan denn, Herz, nimm Abschied und gesunde!"[11]

Ich mag den Text sehr gerne, weil ich das Gefühl habe, dass er auf mich ziemlich gut passt. Gehts dir auch so? Vielleicht ist jede Phase eben nur eine solche und nicht der Endstand, und jeder Tag bringt Neues, sodass nach einer gewissen Zeit nur noch ein Teil von dem übrig ist, was eigentlich die Phase vorher ausgemacht hat. Betrachte das mal nicht rührselig, sondern mit der Chance auf neues.

Auch hier fällt mir ein Beispiel ein. (Mein Erfahrungsschatz überrascht mich wieder mal selbst.)

---

11   „Stufen", aus: Hermann Hesse, Sämtliche Werke in 20 Bänden. Herausgegeben von Volker Michels. Band 10: Die Gedichte. © Suhrkamp Verlag Frankfurt am Main 2002.

Manchmal lernt man Leute kennen, die schnell einen großen Platz im eigenen Leben einnehmen und mit denen man viel Zeit verbringt. Und man fragt sich, wo diese Person vorher war und was man ohne sie gemacht hat. Doch genauso schnell, wie dieser Mensch Teil am eigenen Leben hatte, verschwindet er wieder und das ohne einen bestimmten Grund. Manchmal ist Zeit einfach der Grund, und wir wissen selbst nicht, woran das lag, und blicken vor allem auch ohne Zorn oder Trauer zurück. Eine bestimmte Phase lang war der Mensch ein wichtiger Teil, vielleicht sogar unser Partner im Sinne einer Beziehung, und in der nächsten Phase gehen wir ohne ihn oder sie weiter.

Ich finde jedoch, dass nicht jede Phase dabei ein kompletter Neustart sein sollte. Also dass wir Liebe, Freundschaft, Beruf und was es noch so gibt nicht immer wieder auf Null stellen sollten, weil wir dann irgendwann vielleicht auf dem Weg vergessen, wer wir wirklich sind, was uns ausmacht, und wo wir hinwollen.

Die Vorstellung finde ich unglaublich schlimm. Wenn ich nicht mehr weiß, wo ich hinwill, mir die Zielrichtung fehlt und ich den Sinn meines eigenen Daseins nicht mehr erkenne. Ich glaube, das geht jedem von uns mal so. Aber was machen wir dann, um den Weg wiederzufinden und dabei wahrscheinlich auch uns wiederzufinden?

Oft sind wir schon ein ganzes Stück gelaufen, ohne wirklich zu wissen wohin, und haben uns dabei verlaufen. Wir haben keinen Kompass und auch keine Karte, die uns sagt, wo es langgeht. Also können wir nur selber wieder auf den richtigen Weg finden. Hast du dich schon mal richtig verlaufen? (Das kann jetzt auch „verlaufen" im eigentlichen Sinne sein.) Was hast du dann gemacht? Hast du andere nach dem richtigen Weg gefragt? Geht das in unserem Beispiel oder kennen nur wir den Weg?

Vielleicht kennen nur wir den Weg, aber wenn uns andere von ihrem Weg erzählen, können wir vielleicht unseren eigenen wiederfinden. Oder warum reden wir sonst mit anderen über ganz persönliche Probleme? (Ich muss definitiv gleich ein paar sinnfreie Witze einbauen, sonst wird mir das zu ernst hier.)

Vielleicht müssen wir aber auch ein wenig suchen. Manchmal ist der richtige Weg auch nur ein wenig verborgen und wir müssen eben ein paar Hecken zur Seite schlagen. Genau dafür braucht man aber Kraft, oft sogar eine ganze Menge, und nicht jeder Heckenschlag ist von Erfolg gekrönt. (Ist das jetzt eine zusammengesetzte Metapher? Atemberaubend.)

Und genau darum geht es – um Kraft. Die Kraft zu haben, zwei Schritte zurück, drei nach links oder eben einen großen nach vorne zu machen. Hast du die Kraft? Wie fühlst du dich gerade? Stark und motiviert, oder schwach und ausgebrannt? Wie viel Kraft ist da in dir? Du bist dein eigenes Atomkraftwerk, oder eben dein Windrad, je nachdem was du besser findest. Kriegst du das aktiviert bzw. angeschmissen? Ich habe eben davon gesprochen, eine Sache zu ändern, die mich viel Kraft und Energie kosten wird, aber ich will das einfach und ich will es auch versuchen. Und wenn ich dann scheitere? Ja, was dann? Dann habe ich es trotzdem versucht, und wenn alle um mich herumstehen und mit dem Finger auf mich zeigen und mich dafür auslachen. Was solls? Ich habe es versucht und alles dafür gegeben. Also packen wir eine Sache an? Nein, ich fahre nicht zum Meer und gehe auch nicht im Wald laufen, sondern ich nehme etwas in die Hand, was ich schon viel früher hätte tun sollen, aber wovor ich mich immer gedrückt habe.

Du denkst, ich wäre immer total motiviert und würde alles anpacken und zu Ende bringen, was mir wichtig ist? (Ich kann nämlich Gedanken lesen.) Dann liegst du komplett falsch. Ich bin oft antriebslos und meine eigenen Worte motivieren mich nicht genug, um endlich voranzukommen. Früher habe ich immer gedacht, dass das schlimm ist. Früher dachte ich, man müsste jeden einzelnen Tag alles geben, um glücklich zu sein, um Ziele zu erreichen. Heute denke ich anders. Wir können nicht jeden Tag 100 Prozent von uns verlangen, es gibt eben Tage, an denen wir schwach und ausgelaugt sind und neue Energie sammeln müssen, um dann irgendwann wieder zu Höchstleistung auflaufen zu können. Erwarte viel von dir, aber nicht Unmögliches. Mein iPhone muss einmal am Tag ans Ladegerät und das vergöttere ich doch auch.

Du musst glücklich sein mit dem, was du erreicht hast, oder mit dem, was du versucht hast, und nicht nur nach Dingen streben, die unerreichbar sind. Sonst bist du mit dem, was du hast, nie glücklich und weißt nicht, was du an der Stufe hast, auf der du gerade stehst. Also? Stehen bleiben ist ebenso mutig wie weiterzugehen, du musst nur wissen, dass es die richtige Entscheidung für dich ist. Und das kannst nur du und kein anderer. Auf welcher Stufe stehst du gerade? Bist du zufrieden oder willst du irgendwo anders hin?

Bleiben wir im Stufendenken, das passt gleich wunderbar. Es sei denn, ich verliere wieder den Faden. Glaubst du, diese Stufen gibt es auch zwischen den Menschen, also, dass einer auf einer höheren Stufe steht als jemand anders? Dass er oder sie mehr wert oder wichtiger ist, oder eben einfach ein paar Stufen weiter oben steht? Glaubst du das? Dann hast du leider einen Sockenschuss.

Wer soll denn über dir stehen? Ja, der Präsident von Amerika hat vielleicht ein klein wenig mehr zu sagen als du und vielleicht auch mehr Macht, ja er hat vielleicht auch eine bessere Ausbildung als wir beide zusammen. (Naja, nicht immer.) Na und? Was heißt das jetzt? Dass er besser ist? Quatsch. Wir sind gut in dem, was uns ausmacht, und das Ganze ist eine Frage der Betrachtung.

Aber wir wollen das Thema nicht so negativ anpacken. Das Buch soll sich ja eigentlich mit dem Sinn des Lebens beschäftigen, und der sollte sicher nicht negativ sein. (Ich könnte den Titel des Buches natürlich in was richtig Negatives ändern. Wie zum Beispiel: „Das Leben hat keinen Sinn.")

Manchmal ist es natürlich auch einfacher, gewisse Dinge auf eine Art Übermensch zu übertragen, weil wir von dem vielleicht mehr erwarten können als von uns selbst. Leider funktioniert das nicht wirklich mein Freund. Wenn dir etwas wichtig ist, musst du selber dafür kämpfen. Ich hoffe, wenigstens so viel hast du bis jetzt gelernt. Verdammt!

Vielleicht können wir beide auch so ein Übermensch sein und brauchen keinen anderen, oder vielleicht gibt es gar keine Übermenschen. Früher, wobei das Wort hier relativ zu betrachten ist, gab es ein Lied das hieß „Be like that". (Das Lied gibt es natürlich immer noch.) Dabei habe ich mir manchmal vorgestellt, dass ich ein anderes Leben hätte und da wäre natürlich alles besser, und ich habe dann immer darauf gehofft, dass es irgendwann genauso ist, und Milch und Honig durch die Straßen fließen. Heute habe ich ein paar Dinge, die ich früher haben wollte, aber nicht, weil sie mir zugefallen sind, sondern weil ich unglaublich hart dafür gekämpft habe und vielleicht ein paar Mal Glück hatte. Einiges habe ich nicht geschafft, und da sind leider Dinge bei, die auf meiner Liste ganz weit oben standen. Und manches werde ich nie mehr erreichen, weil die Zeit dafür leider abgelaufen ist. Es sei denn, man kann mit Ende 30 noch Fußballstar werden. Aber manche Dinge, die ich heute besitze, waren früher Dinge, die in meiner Vorstellung nur Übermenschen hatten und heute habe ich sie selbst, weil ich alles dafür gegeben habe. Bin ich jetzt ein Übermensch?

Nein, ich bin noch immer der kleine Junge, der aus dem Fenster schaut, während die älteren Jungs mit den hübschen Mädchen auf der Straße lachen und dann mit ihren heißen Autos davonbrausen, während ich später mit dem Fahrrad die Straße entlangrolle. Aber weißt du was? Der kleine Junge und das kleine Mädchen in dir rocken.

Und die Moral von der Geschicht'? Aufgeben gibt es nicht. (Wieder Zeit für einen Smiley. Aber dieses Mal bin ich stark.)

XII

ICH BIN EIN ERDMÄNNCHEN

———

Wenn wir uns wirklich mit diesem ganzen Sinn-Thema auseinandersetzen wollen, müssen wir uns fragen, ob es außer uns noch andere Lebewesen gibt, die sich mit dem Thema beschäftigen. Mir ist bewusst, dass wir noch nicht mit Tieren reden können, aber vielleicht finden wir da trotzdem was heraus. (Also reden schon und na ja, verstehen tut mich mein Hund auch. Also können wir doch mit Tieren reden? Wahnsinn.)

Zurück zum Thema. Denken Tiere darüber nach, was der Sinn des Lebens ist oder ist das eher ein Menschending? Vor allem gibt es Millionen verschiedener Tierarten. Vielleicht denken manche darüber nach und manche nicht. Oder geht es bei Tieren nur um die Urinstinkte Essen und Schlafen? Ich meine, wir sind doch auch Tiere, Säugetiere, oder? Also müssen Tiere und Menschen sich doch vielleicht in diesem Punkt ähnlich sein. (Sigmund Freud wäre hier sicher begeistert.)

Hast du vielleicht gerade ein Tier zur Hand und kannst es kurz mal analysieren oder besser mal fragen? Ich habe hier einen kleinen Jack-Russel-Welpen auf meiner linken Hand sitzen, und der schaut mich ganz verträumt an. Mhm, was er gerade denkt? Wahrscheinlich denkt er an Essen oder eben an Schlafen. Vielleicht aber auch daran, wie er die Weltherrschaft übernehmen kann. (Und vielleicht ist es kein Welpe und ich schreibe das nur, weil ich die Leserinnen wieder einfangen will.)

Er braucht jedenfalls keinen Steuerberater, muss nicht selber einkaufen und wird den ganzen Tag gekrault. Eigentlich doch ganz angenehm, oder? Sein Sinn des Lebens könnte also das Genießen des Lebens sein. Aber die meisten Tiere leben eher nicht als Haustier bei irgendjemandem, sondern laufen gerade in der Wüste herum oder schwimmen durchs Meer.

Wenn wir, sagen wir mal, ums Überleben kämpfen müssten, und das jeden Tag, würden wir dann über den Sinn des Lebens nachdenken? Wahrscheinlich bliebe dafür nicht viel Zeit.

Irgendwie finde ich diesen Punkt ganz interessant. (Wow, ich finde meine eigenen Thesen schon interessant.) Wir denken vielleicht darüber nach, weil wir Zeit haben, darüber nachzudenken. So wie man nur Schokolade essen kann, wenn auch Schokolade da ist.

Wenn wir etwas anderes tun, gerät das Nachdenken vielleicht in den Hintergrund und wir denken über das Nachdenken nicht mehr nach. (Sehr geistreicher Satz.) Wir haben also eine alte Mottenkiste in unserem Kopf, die wir nur aufmachen, wenn wir Zeit dafür haben. Aber wenn wir die einmal aufmachen, ist es schwer, sie wieder zuzumachen. Das könnte also bedeuten, dass die Suche nach dem Sinn des Lebens vielleicht nie zu Ende ist, und irgendwie etwas Unendliches hat. Ob ich das jetzt gut oder schlecht finde, weiß ich noch nicht. Leben ist einfach das, was passiert, während wir eifrig dabei sind, andere Pläne zu schmieden.

Wir haben schon über die Vorstellungen gesprochen, dass die Erde vielleicht nur ein Regentropfen in einem riesigen Gewitter ist und wir bald auf dem Boden aufschlagen. Vielleicht ist es wirklich so, dass dieses ganze Menschending nur ein Unfall war, und wir über Dinge nachdenken, die unsinnig sind, weil wir eigentlich gar nicht da sein dürften und wir den ganzen Tag durch die Gegend hüpfen und uns freuen sollten.

Mal ehrlich, hast du mal rein biologisch darüber nachgedacht, warum es dich überhaupt gibt? Ja, ich meine die Vorstellung, dass dein Papa und deine Mama sich ganz lieb hatten. (Die Vorstellung ist ja irgendwie immer etwas, na ja, gewöhnungsbedürftig.) So, nun sind da zwei Millionen kleine Spermien auf dem Weg in die Eizelle, und je nachdem welche zuerst da ist, entstehst du oder der Jürgen von nebenan. (Vielleicht ist der Jürgen ja wirklich so entstanden?!) Kurz vor der Eizelle wird das Rennen immer heißer. An der Spitze nur noch drei Spermien, ein Waldweg, Menschen am Wegesrand, nein, wir schweifen ab. Dein Spermium kämpft sich durch bis ans Ziel. Dort angekommen nimmt es seine ganze Kraft zusammen und befruchtet die Eizelle. Ein paar Monate später schlüpfst du. Hallo! Bevor du auf die Welt gekommen bist, hast du also das erste Rennen gewonnen gegen zwei Millionen andere. Und zwar nicht irgendein Rennen, sondern das Rennen deines Lebens. Ohne dass du vielleicht bisher darüber nachgedacht hast, bist du ein Gewinner. Ja, das ist kein blöder Spruch. Es hätte doch ganz anders laufen können und schwupp wärst du nie entstanden und stattdessen säße da jetzt jemand völlig anders und würde das Buch hier lesen. (Dass er oder sie das tun würde, steht wohl außer Frage.) Du hast dich wie auf einer Achterbahn durch die engen Gassen geschlängelt, um zum Ziel zu kommen.

Warst du schon mal auf einer Achterbahn? (Diese Übergänge, Felix – ein Traum.) Ich meine eine richtige, und nicht nur so ein kleines Ding. Eine, wo es richtig abgeht. So eine Achterbahn besteht aus verschiedenen Teilen. Anstiegen, Abfahrten, Loopings und so weiter. Ja, ich weiß, das Beispiel ist ein bisschen abgegriffen, aber ich will damit woandershin.

HÖHEPUNKTE

1.

2.

3.

Kannst du dir vielleicht noch mal etwas aufschreiben? Schreib' mal bitte drei Momente auf, die dich besonders glücklich gemacht haben und etwas weiter unten drei Momente, in denen du sehr unglücklich warst.

Die drei glücklichen Momente sind die Höhepunkte, die Momente, die du nie vergessen wirst – die Aufstiege. Dort hast du dich unendlich gut gefühlt und nichts und niemand hätte dich besiegen können. Lass uns damit anfangen. Du entscheidest, was du aufschreibst.

Was für Momente sind das gewesen? Entscheide das ruhig spontan, es geht hier darum, was du gerade empfindest. Also, schreib' es auf.

Hast du? Es reichen drei Worte. Jetzt schau' dir die drei Momente mal genau an und überlege für einen kurzen Moment, warum sie dort stehen. Was war da so besonders? Warum hast du dich genau für diese drei Momente entschieden? Gibt es etwas, das die drei Momente gemeinsam haben? Eine bestimmte Zeit, eine bestimmte Person, oder haben sie vielleicht alle etwas mit Karriere, Liebe oder Freundschaft zu tun? Oder fällt dir vielleicht auf, wozu du gar nichts geschrieben hast? Bei mir gibt es zwischen zwei Punkten eine Gemeinsamkeit. Beide stehen für Veränderung. Das überrascht mich grade selbst, weil Dinge, die ich erreicht habe, wie der Schul- oder Universitätsabschluss, komplett fehlen. Dafür stehen da eher Dinge, die aus etwas Schlechtem etwas Gutes haben werden lassen. Und die letzte Sache auf meinem Zettel ist eigentlich unendlich traurig, aber dennoch ist auch sie Teil meines eigenen Glücks, mein eigener Höhepunkt.

Jetzt müssen wir aber noch die andere Liste fertig machen. Auch wenn das vielleicht nicht ganz so positiv ist und die Motivation hier vielleicht nicht ganz so hoch ist. Aber was solls? Auf gehts. Hier brauchen wir drei Momente, die für deine Tiefpunkte stehen, für Momente, die dir wehgetan haben, in denen du unglücklich warst. Drei Stück, mein Freund.

Ich habe drei aufgeschrieben. Du auch? Meine drei sind traurig, also, da bekomme ich schon Depressionen, wenn ich nur die Worte lese. Ein Punkt steht auch auf der

TIEFPUNKTE

1.

2.

3.

Höhepunkt-Liste. Es gibt manches, das ist richtig und doch falsch, oder es tut weh, auch wenn man weiß, dass es sein muss. Die anderen beiden Sachen sind sehr unterschiedlich. Das eine ist eher persönlich und hat direkt mit einer anderen Person zu tun. Das andere ist unpersönlich und der einzige Punkt, der auf meinen beiden Listen etwas mit Beruf und Karriere zu tun hat.

Gibt es einen Zusammenhang zwischen den Punkten auf deinen Listen? Was kannst du zwischen diesen Punkten erkennen? Ist da etwas? Eine Zeit, eine Person, eine Leidenschaft, ein Moment? Vielleicht hilft es ein bisschen nach dem zu suchen, was wir hier vielleicht finden wollen. Kannst du noch mehr tun, um die Liste mit den positiven Momenten zu füllen? Kannst du etwas tun, um mit den negativen Punkten abzuschließen, sie hinter dir zu lassen? Weil es oft so ist, dass diese Punkte so schnell auf dem Blatt stehen, weil sie vielleicht noch nicht ganz aus unserem Bewusstsein verschwunden sind und uns mehr bewegen, als wir uns vielleicht eingestehen.

XIII

MACGYVER RETTET DIE WELT MIT EINEM ZAHNSTOCHER

Wir gehen noch mal zurück in der Zeit. Kannst du dich noch daran erinnern, dass du als kleiner Junge oder kleines Mädchen bestimmte Helden hattest? Figuren, Menschen oder andere Sachen, die Helden, Vorbilder oder Stars für dich waren?

Ich kann mich da noch ziemlich gut dran erinnern. Meine erste Erinnerung ist die an He-Man, Master of the Universe – welch' zurückhaltender Beiname. He-Man war unglaublich stark und He-Man war bepackt mit Muskeln. Ich war vielleicht sechs oder sieben Jahre alt, würde ich tippen, da trat He-Man in mein Leben. (He, Man: Warum wird die Männlichkeit eigentlich doppelt betont?) Ich hatte bei einem Malwettbewerb im Kaufhaus einen 20-DM-Gutschein gewonnen, und dafür konnte ich mir He-Man holen, mein Gott habe ich mich gefreut über das Stück Plastik aus China. He-Man und ich sind ziemlich lange zusammen rumgezogen und haben alles Mögliche erkundet. Wir waren oft im Wald und haben da Burgen gebaut und gegen das Volk der Kastanienmännchen gekämpft. Am Ende haben wir immer gewonnen, auch wenn es manchmal ein harter Kampf war. Das war eine tolle Zeit, aber auch diese Zeit musste irgendwann zu Ende gehen. Irgendwann ist He-Man in den Sandkasten gefallen und war so voller Sand, dass er seine Arme nicht mehr bewegen konnte. Wie ein Mann hat er sich von mir verabschiedet und ist in die Unterwelt der großen grauen Restmülltonne verschwunden, um fortan alleine weiterzukämpfen.

Nach He-Man kam erst mal lange nichts. Dann kamen jedoch zwei neue Helden, was vermutlich mit der Entdeckung des Fernsehers zu tun hatten. (Entdeckung für mich, nicht allgemein. So alt bin ich nicht.) MacGyver, oh mein Gott, was für ein Typ. Für mich immer noch die beste Serie aller Zeiten. Hallo? Was konnte der bitte alles? Aus was für Sachen kann man bitte eine Bombe bauen, wozu kann man ein Streichholz benutzen? Und dabei immer diese auftreibende Musik. Ich glaube, ich habe jede Folge gesehen, auch wenn es nicht ganz so viele wie bei „Gute Zeiten, schlechte Zeiten" gibt. Natürlich wurde alles Mögliche nachgebaut, das meiste hat natürlich nicht geklappt. Aber das lag einfach daran, dass MacGyver so viel besser mit den Sachen umgehen konnte als ich, und keinesfalls daran, dass das Unsinn war. Noch heute wäre ich manchmal gerne MacGyver, weil es nie ein Problem gab, was er nicht lösen konnte, egal wie aussichtslos die Situation auch war.

Gleichzeitig mit MacGyver gab es aber noch einen zweiten Helden, der Bestandteil einer unverwüstlichen Vier-Mann-Crew war. Sein Name: Face. Der Schönling des A-Teams. Face hatte in jeder Serie eine neue Frau und eine war hübscher als die andere. Vielleicht liegt das mit der Verehrung daran, dass man im Alter von 13, vielleicht 14 Jahren beginnt, sich langsam für Mädchen zu interessieren, und da ist ein männliches Alphatier doch ein gutes Vorbild. Noch heute gucke ich gerne das A-Team und stehe auch dazu, weil es einfach dieses Helden-Gen in mir aktiviert. Das A-Team hilft armen Menschen und die hübsche Bauersfrau erliegt dem Charme von: Face. Welcher Mann würde da nicht gerne tauschen. Aufopferung mit einer Prise Macho-Charme. (Auch hier ist der Name „Face" gut gewählt. Vielleicht sollten wir uns auch so einen Namen geben. Wie wäre deiner?)

Danach ist es still geworden um das Helden-Dasein. Die nächsten Helden hielten sich nie wirklich lange. Aber ich will noch ein paar nennen, weil ich es ihnen schuldig bin. Bud Spencer und sein Kumpane Terrence Hill oder David Hasselhoff als Michael Knight in K.I.T.T. Natürlich gab es auch die üblichen Sporthelden. Einfach Leute, deren Leistung einen umhaut und bei denen man sich fragt, wie man das schaffen kann. Da ich immer Rennrad gefahren bin, war das für mich Jan Ulrich. Wie oft ich beim Anstieg zum Berg mit meinem Vater auf der Couch mitgefiebert habe, und dann der Angriff aus dem Windschatten. Ich kriege schon beim Schreiben Gänsehaut.

Was hat das mit den ganzen Helden auf sich? Was können wir von ihnen lernen? Ich glaube, hier können wir ganz viel über uns selbst herausfinden, was unsere eigenen

Stärken und Schwächen angeht. Die Gedanken sind gerade sehr positiv und nach einer kleinen Runde mit dem Rennrad reden wir mal über diese Stärken und Schwächen. Ich bin wieder berauscht. (Da haste es: :-))

Warst du auch ein bisschen draußen oder liegst du immer noch im Schlafanzug auf der Couch? Bei vielleicht 5°C in dicken Sachen auf dem Rennrad den Berg hochzukraulen und die Lunge brennen zu spüren, ist ein tolles Gefühl. Probier' das mal aus, du Couch-Potato.

Aber genug vom Fahrradfahren, wir wollten über diese Sache mit den Eigenschaften sprechen. Im Bewerbungsgespräch würde der Personalchef jetzt zu dir sagen: Nennen Sie doch mal bitte drei gute und drei schlechte Eigenschaften. Genau das machen wir jetzt.

Ich bin mir leider bereits an dieser Stelle darüber bewusst, dass wir auch über die schlechten Eigenschaften reden müssen. Aber wir fangen mal mit den guten an. Vielleicht ist „gut" auch das falsche Wort, weil es vielleicht eher starke Eigenschaften sind. Bei manchen Dingen kannst du nämlich genauso wenig wie ich beurteilen, ob das gut oder schlecht ist, und nur, weil jemand anders etwas für gut hält, ist das noch lange kein Grund, das genauso zu sehen. Fangen wir also einfach mal an. Also kurz aufschreiben, bitte. Da du meine egozentrische Seite kennst, weißt du, dass ich jetzt erst von mir erzähle.

Das Erste, was mir einfällt, ist der Wunsch danach, Gutes zu tun. Ich meine, ich könnte es Sozialität oder so nennen, aber ich glaube, das Wort gibt es nicht. (Wenn du das richtige Wort kennst, bitte per E-Mail schicken.) Einfach der Wunsch und der Antrieb, anderen zu helfen. Ich glaube, das ist eine meiner starken Eigenschaften. Aber manchmal ist auch genau das dann einer der Gründe, warum wir über diese Sache mit dem Sinn des Lebens sprechen müssen. Wenn man nämlich das große Ganze betrachtet, ist das eigene Helfen nur ein kleiner Stein, und eigentlich will man am liebsten etwas tun, was noch umfassender ist. Man soll in einem Bewerbungsgespräch die Thesen auch irgendwie belegen. Dann versuche ich dir jetzt zu beweisen, dass ich sozial bin. Vielleicht ist da was bei, auf das du selber Lust hast. Was tue ich also, um ein wenig zurückzugeben oder „sozial" zu sein? Ich habe ein Patenkind in Thailand, ich weiß, das ist keine besondere Leistung, aber erstens bin ich noch relativ jung und zweitens muss man auch irgendwie anfangen. Das Schöne daran ist, dass man mit dem Patenkind auch schreiben kann oder halt irgendwas hinschickt. Hier will ich dir mal eine kleine Geschichte erzählen, die mich harten Kerl zum Heulen gebracht hat. Mein Patenkind hat am 31.12. Geburtstag und ich habe lange überlegt, was oder ob ich ihm was schenken soll. Ganz so einfach ist das nämlich nicht. Man will nichts Teures hinschicken, weil es da auch andere Kinder gibt, die vielleicht nichts bekommen.

Also habe ich ein kleines Armband gekauft. So ein ganz Einfaches aus Leder. Dann habe ich das Ganze mit einer kleinen Geburtstagskarte in einen Umschlag gepackt und hingeschickt. Ich hatte die ganze Sache eigentlich komplett vergessen, da bekam ich ungefähr drei Monate später einen Brief mit einem Foto drin. Und auf dem Foto hatte dann mein Patenkind, das ich noch nie gesehen habe, dieses Armband an. Das war ein unglaubliches Gefühl, weil es das Armband stolz in die Kamera hielt und dabei über beide Ohren grinste, als hätte er gerade ein neues Auto oder sonst was bekommen. So eine Situation oder so ein Foto sind manchmal der Grund, warum das Leben wundervoll sein kann.

So, nun genug rumgeschmollt. Neben der Sozialität gibt es natürlich noch ein paar andere positive Eigenschaften deines neuen Lieblingsautors. Ich glaube, ich bin lustig. Wow, was für eine eingebildete, eitle Aussage, aber so leid es mir tut, ich glaube das wirklich und es geht schließlich um Selbsteinschätzung. Ob du mich lustig findest, das musst du mit dir ausmachen. Falls nicht, liegt das daran, dass du meinen Humor nicht verstehst. Ok, manchmal bin ich vielleicht albern und manchmal auch nicht ganz dicht. Vielleicht liegt es auch daran, dass man manche Dinge ohne Lachen gar nicht ertragen könnte. Kennst du Situationen, in denen man nicht weiß, was man tun soll, außer zu lachen? Lachen aus Verlegenheit.

Aber wenn man lustig ist, muss man trotzdem auch irgendwie über sich selbst lachen können. Das kann ich leider überhaupt nicht. Trotzdem bin ich natürlich lustig. Das ist so ähnlich wie bei Gesellschaftsspielen. Die mag ich nämlich total, aber nur, wenn ich gewinne. Falls nicht, mache ich die kaputt. Ich finde, das ist eine sehr erwachsene Einstellung. Aber wenn du zum Beispiel Kniffel mit jemandem spielst und dein sogenannter Spielpartner hat in einem Spiel dreimal Kniffel, Yatzy, Fünferpasch, oder wie man das auch immer nennt, dann ist das doch wohl nicht normal. Dann muss man ausrasten.

Das ist wohl nur unfair und unfair ist halt nicht erlaubt. Dieses schelmische Grinsen des Gegenübers ist einfach nicht zum Aushalten. (Wenn ich während des Spiels merke, dass ich verliere, muss leider mittendrin abgebrochen werden.)

Dritte starke Eigenschaft? Puh, nicht, dass es nicht noch eine dritte gäbe. Es geht vielmehr darum, welche ich nehme. Ich glaube, ich entscheide mich für Antrieb. Ich weiß nicht genau, wie man das jetzt anders beschreiben soll. Der Wille, etwas zu erreichen, der Wunsch, etwas unbedingt haben zu wollen, und alles dafür zu tun. Das meine ich damit. Wenn ich den Wunsch habe, etwas zu erreichen, dann kann ich ziemlich hart dafür kämpfen. Ich tue dann wirklich alles dafür, dieses Ziel zu erreichen. Das Gefühl, es dann geschafft zu haben, ist so berauschend und gibt neue Kraft für das nächste Projekt. Man muss aber auch seinen eigenen kleinen Sieg auskosten, das vergesse ich manchmal. Das solltest du nicht, weil es wirklich wichtig ist, du musst dich dafür belohnen. Wie das Pferd, das dann ein Stück Zucker bekommt. (Du bist das Pferd, kommst du mit?)

So, jetzt mal zu dir. Was macht dich so aus? Was sind deine starken Eigenschaften? Was hast du aufgeschrieben? Vielleicht haben wir sogar Gemeinsamkeiten. Vielleicht aber auch lieber nicht. Ich kenne dich ja gar nicht.

1.

Also schieß' los und fang' bloß nicht damit an, dass es keine drei Eigenschaften gibt oder so. Falls du das meinst, komm' vorbei, hier steht bestimmt irgendwo die Anschrift des Autors drin. Dann prügle ich dir die drei Eigenschaften ein. Also, Augen zu, ein paar Minuten überlegen und quer über die Seite schreiben, damit du das auch nicht vergisst.

2.

3.

Eigentlich wollten wir auch über die schwachen Eigenschaften sprechen, aber irgendwie habe ich dazu überhaupt keine Lust. Also muss das warten, vielleicht ein paar Kapitel, vielleicht auch bis ans Ende oder wir beschäftigen uns halt gar nicht mehr damit. Was solls? Wir sind heute mal ein bisschen revolutionär.

Ich muss dir leider an dieser Stelle auch noch ein Geständnis machen. Ich habe heute das erste Mal wieder geschrieben, seit fast drei Monaten. Zwischenzeitlich ist auch die große Frankfurter Buchmesse vorbeigerauscht, wo ich eigentlich mit reichlich Tamtam das Buch vorstellen wollte. Aber irgendwie hatte ich die letzten Monate ein paar andere Dinge zu tun. So viel zum Thema Antrieb. Ich hoffe, du kannst mir das ein Stück weit verzeihen und bist so lange auch ohne mich ausgekommen. Falls nicht, reiche ich dir jetzt symbolisch eine Rose, ein Stück Pizza oder ein Mettbrötchen.

XIV

SO WIE DU

———

Ein Blick aus dem Fenster ist heute wie ein warmer Sommertag. Auch wenn es vielleicht nur 3°C draußen sind, ist der Himmel blau und die Sonne steht tief in mein Wohnzimmer. (Klingt als würde ich in mein Tagebuch schreiben.) Wie abhängig man vom Wetter ist – ich bin das definitiv. Ja, ich weiß, über den Wolken ist der Himmel blau, aber ich will das immer sehen können. Ein richtig schöner Tag, um einen Winterspaziergang zu machen oder dick eingepackt mit einer Tasse Kakao vor dem Fernseher zu liegen oder eben weiter am Projekt Buch zu schreiben. Ich habe mich für Nummer 3 entschieden. (Vielleicht könnte ich den Preis des Buches noch nach oben schrauben, schließlich ist heute Sonntag.)

An so einem Tag wie heute höre ich am liebsten den ganzen Tag Musik. (Die Überleitung wird nix, dass weiß ich schon.) Weil neben dem Wetter auch die Musik ein Stimmungsding ist, was mich hoch, runter oder sonst wohin bringen kann. Hast du das auch? Wenn du ein tolles Lied hörst, was dich richtig motiviert, oder es Lieder gibt, die du nur mit einer bestimmten Person in Verbindung bringst? Gerade höre ich eher ruhigere Musik und ich glaube, das hat dann sogar Einfluss darauf, was ich schreibe. Aber heute ist ein schöner Tag und ich habe ausgesprochen gute Laune und dann brauche ich was mit mehr Kawupdisch. (Solltest du heute nicht so gut drauf sein: Ich weiß, es nervt, wenn einer dann so gut gelaunt durch die Gegend springt, aber vielleicht kriegen wir dich auch ein Level nach oben.)

Ich habe mir heute Morgen eine ziemlich sinnfreie Liste gemacht. Mittlerweile sollte ich vielleicht Listenersteller werden. Aber ich habe mir so eine neue Tafel aufgehängt, auf der man mit Kreide schreiben kann. Und irgendwie war die heute Morgen so leer und da dachte ich halt, da muss was drauf. Also, mal aufgeschrieben, was ich in nächster Zeit mehr und was ich in nächster Zeit weniger machen will. Ich glaube, wenn jemand jetzt reinkommt und die Liste sieht, denkt derjenige, ich habe einen Knall. Lass' uns für dich doch mal so eine Liste machen. Du kriegst auch erst meinen Senf.

Also zurück zur neuen Hot-or-Not-Schöpfung. Nummer 1 ist: weniger Alkohol. Wow, was für ein thematischer Einstieg. Klingt so, als würde ich jeden Tag beim Schreiben zwei Flaschen Rotwein trinken. Ich muss ehrlich gestehen, dass ich auch schon unter Alkoholeinfluss geschrieben habe. Ob du die Stellen wohl findest? Wenn ja, anstreichen. Aber manchmal fließt es dann irgendwie. Aber nein, ich meine damit eher so das Trinken auf Festen, Partys etc. Nicht, dass ich nicht gerne was trinke, aber irgendwie sind die Nachwirkungen mittlerweile intensiver als noch mit 18 und 18 bin ich schließlich nicht mehr. Also werde ich jetzt versuchen, in nächster Zeit ein wenig zu verzichten, weniger heißt ja nicht gar nicht. Nummer 2 wird mir schon schwerer fallen: mehr Sport. In letzter Zeit habe ich nämlich bis auf die Ausflüge mit dir eigentlich nicht wirklich viel gemacht und dabei habe ich eigentlich ein halbes Sportstudio zuhause in meinem 2.000-Quadratmeter-Penthouse. Aber irgendwie war ich ein bisschen faul und unmotiviert. Ich brauche immer ein Ziel, und das ist bei mir, wie bei vielen, meistens die Sommerfigur. (Mir ist bewusst, dass so oberflächlicher Kram albern ist, aber das Thema, wer hier schreibt, hatten wir schon, Freundchen.) Somit werde ich heute mit einer kleinen Runde am Fluss beginnen. 20 Minuten werde ich hoffentlich noch schaffen. Nummer 3 wird dich freuen: mehr schreiben. Mein Gott, ich bin langsam geworden. Am Anfang habe ich richtig Gas gegeben, aber zuletzt gab es immer irgendwelche sinnlosen Dinge, die mich davon abgehalten haben. Natürlich hat es sich nur um eine kreative Pause gehandelt. Hallo? Das brauchen Spitzenautoren halt manchmal.

Drei Punkte, die ich doch wenigstens für eine gewisse Zeit hinbekommen muss. Hilfst du mir, helfe ich dir mit deinen. Was steht bei dir an?

Ich habe eben im Internet nachgeschaut, ob es Bücher zum Sinn des Lebens gibt. Ich bin natürlich davon ausgegangen, dass wir auf unserer Reise absolutes Neuland betreten. Leider ist das nicht der Fall. Es gibt tausende. Vielleicht wird das also nichts mit

Ruhm und Reichtum? Ach was, wir sind doch zu zweit und die meisten sind alleine, und damit sind wir doppelt so stark und doppelt so gut. Also müssen wir Gas geben. Der Weg in die Bestsellerliste ist gesäumt von harter Konkurrenz und irgendwelchen Kritikern, die etwas zu unseren Gedanken loswerden wollen, ohne dass sie jemand fragt. Ich werde übrigens meine Oma hinten auf das Buch schreiben lassen, dass das Buch ein absolutes Meisterwerk ist. Wer sollte mehr Ahnung vom Leben haben als meine Oma? Niemand. Also, schon wieder ein Pluspunkt für uns. Kennst du vielleicht auch noch jemanden, den du mit in die Waagschale werfen könntest? Das wäre natürlich stark.

Beim Durchforsten des Internets habe ich sogar Videos zum Thema gefunden. Das müssen wir auch machen. Ich könnte mich in so einen Königssessel setzen, der mit rotem Samt bezogen ist. Daneben sitzt eine riesige Dänische Dogge und ich habe noch ein Zepter in der Hand. Ich finde, das würde ziemlich seriös und einflussreich wirken. Dann kaufen alle das Buch, weil jeder denkt, dass ich Ahnung haben muss. Das müssen wir uns merken. Aber jetzt weiter im Programm.

Ich habe die Tage ein paar Filme zum Thema ,,Entstehung der Erde und Evolution" gesehen. Normalerweise gucke ich so was nicht, aber irgendwie war das wirklich interessant. Dann habe ich noch eine Reportage über den Weltraum geschaut und das war ziemlich berauschend. Ich glaube, das könnte uns weiterhelfen.

Ich will jetzt keine wissenschaftliche Abhandlung über die Erde schreiben, mit einer Vier in Erdkunde wäre ich auch der falsche Ansprechpartner, aber ein bisschen klugscheißen will ich schon.

Also, Besserwissermodus an und los: Die Erde ist ja ein Planet (wow, super Erkenntnis) und Bestandteil der Milchstraße. In der Milchstraße gibt es noch eine Menge anderer Planeten, aber das weißt du wahrscheinlich schon. Und dann gibt es noch 100 bis 300 Milliarden Sterne. Und von diesen riesigen Galaxien wie der Milchstraße gibt es jeweils noch mal 100 Milliarden. Eigentlich könnte man das multiplizieren, aber ich habe keine Ahnung, wie die Maßeinheit dann heißt. Aber was bleibt, ist wohl die Erkenntnis, dass es viele, eigentlich ziemlich viele sind.

Wie bringt uns das Ganze weiter? Der nächstliegende Gedanke ist wohl, dass wir ein Niemand sind und eigentlich überhaupt keine Rolle spielen. Aber dann könnten wir auch aus dem Fenster hüpfen. Vielleicht hilft uns das auf einer anderen Ebene weiter. Weil das, was wir als „Ich" bezeichnen, aus mehr besteht als nur aus kalten Füßen und einem Kopf, wir sind quasi auch eine Galaxie. (Ja, es wird jetzt extrem esoterisch.) Eine Galaxie, die aus mehr besteht, aus so viel mehr. Und wer regiert diese Galaxie? Richtööösch, du regierst diese Galaxie. Ich meine, irgendwie klingt das im ersten Moment vielleicht ein bisschen seltsam, aber letztendlich können wir das meiste selber steuern. Du entscheidest, wann und was du isst, mit wem du redest und mit wem nicht, und wohin dein eigener Weg geht. Selbst wie lange dein Leben dauert, kannst du direkt beeinflussen, zumindest größtenteils. Ohne diese Voraussetzungen wären wir doch nur Roboter. (Was ist eigentlich die Mehrzahl von Robotern?) Nein, erst mal halten wir dick und fett fest, dass wir Herr bzw. Frau im Haus sind, und das ist auch gleichzeitig eine Chance, oder besser, es bietet uns die Möglichkeit, Dinge zu ändern, die stören, oder die nicht so sind, wie wir uns das wünschen. Für diese Möglichkeit müssen wir eigentlich dankbar sein. Mir ist klar, dass wir auch Kraft dafür brauchen, aber ein Fisch im Glas kann ohne fremde Hilfe aus seinem Gefängnis nicht raus. Also, ich vergesse das genauso wie du, aber ohne diese Möglichkeit würdest du nicht darüber nachdenken, ob du es schaffst, etwas anzupacken.

So, das reicht auch erst mal als Ausflug in die Esoterik. Aber dabei ist mir noch ein anderer Gedanke gekommen. (Bitte stell' dich darauf ein, dass wir gerade ein bisschen springen. Ich habe nämlich ein paar Tage nicht geschrieben und viel Schlaues mitzuteilen.)

XV

AFFENMANN UND AFFENFRAU

―――――

Warst du mal im Zoo? Ich denke schon. Wer war noch nie im Zoo? Und du kennst wahrscheinlich auch die verrückte Theorie, dass wir von den Affen abstammen.

Ich finde das irgendwie seltsam, weil es Affen schon länger gibt als uns und sie trotzdem noch da sind. Dass es also quasi zwei Stränge der Evolution gibt. Irgendwie ist das seltsam, weil die Affen doch eigentlich viel schlauer sein müssten und alles besser wissen sollten. Na ja, zum Glück ist das nicht so. Eine andere Theorie kennst du sicher auch. Die, dass Gott, Allah, Jesus oder ein anderer uns erschaffen hat. Auch die These kann man nicht wirklich widerlegen. Vielleicht geht auch beides, weil vielleicht Gott auch die Affen erschaffen hat, aus denen wir entstanden sind. Warum geht nicht beides? Ich finde, das klingt gar nicht so unrealistisch. Vielleicht ist das Ganze aber auch völliger Quatsch und wir sind doch nur Roboter und werden in Wirklichkeit von kleinen, verrückten Aliens gesteuert und denken nur, dass wir selbstbestimmt sind. Wer weiß das schon? (Oder es ist wie bei diesem Computerspiel „Die Sims". Dann aber mit Fuschen.)

Letzten Endes ist das auch egal. Also zumindest mir, und der Autor ist schließlich ziemlich allwissend. Weil das Ergebnis gleich ist: Wir sind hier. Das ist auf jeden Fall gut. Ich finde den Spruch „Leben ist das, was du draus machst" eigentlich ziemlich gut. Nicht weil es schön klingt, sondern weil es stimmt und das unterstreicht, was wir eben schon festgehalten haben: Dass wir Herr im Haus sind und kein anderer, egal, was jemand anders sagt.

Nun gibt es aber natürlich auch noch alle anderen. Die dürfen natürlich auch über ihr Leben erst mal selbst bestimmen. (Du merkst, ich versuche wieder eine glorreiche Brücke zu bauen.)

Und weil sie eben auch selbst entscheiden dürfen, machen „die anderen" natürlich auch Dinge, die uns nicht passen. Und manchmal machen sie auch Dinge, die mich fürchterlich wütend machen. Hast du schon mal darüber nachgedacht, jemanden umzubringen? Ich weiß, die Frage klingt sehr drastisch, aber ich meine das ernst. Könntest du das? Ich meine, stell' dir vor, jemand Fremdes würde einem deiner Kinder etwas antun wollen, auf welche gruselige Weise auch immer. Ich bin ganz ehrlich, wenn mir das passieren würde, könnte ich jemanden umbringen und ich würde keine Sekunde darüber nachdenken. Ich weiß, es gibt ein Rechtssystem und das ist auch gut so, aber ich bräuchte das in diesem Moment nur aus einem einzigen Grund: Dass mich Gefängnisse etc. davon abhalten würden, demjenigen eben genau das anzutun, was er mir angetan hat. Und klar, das klingt von mir aus nach Stammtischparolen, aber, wenn man manchmal mitbekommt, was in unserem Rechtsstaat an Strafen vergeben wird, dann fragt man sich doch, ob die noch alle Tassen im Schrank haben. Tod oder Gefängnis ist natürlich was anderes. (Achtung Brücke.)

Vielleicht könnt ihr euch noch an Lutz erinnern. Unseren smarten, jungen Mann vom Anfang, der auf tragische Weise mit seinem Quad umgekommen ist.

Stellen wir uns die Geschichte noch mal anders vor. Lutz ist nicht umgekommen, hat sich aber trotzdem von Lisa getrennt, weil sie jetzt mit einem sibirischen Silberrücken-Gorilla zusammen ist. Lutz ist also wieder alleine. Die Wohnung steht leer, Lisas Sachen sind raus. Das Bett riecht schon lange nicht mehr nach ihr und auch im Zahnputzbecher steht nur noch die blaue Zahnbürste. (Die beiden hatten eh nur eine.)

Aber wir wollen die Geschichte nicht traurig beginnen, sondern die Zeit des Alleinseins erst mal genießen und machen, was wir wollen. Dabei kann uns niemand aufhalten. Endlich mal wieder Sachen liegen lassen, aufstehen wann man will, auf Toilette nicht mehr hinsetzen – solche Sachen eben. (Ich habe übrigens den Gedankenstrich für mich entdeckt.) Lutz genießt die Zeit sehr und es wäre gelogen, wenn man sagen würde, er hätte keinen Frauenbesuch. Im Gegenteil, er hat viel Frauenbesuch, sehr viel. Er hat vielleicht das Gefühl, dass sein Käfig zusammengebrochen ist und er nun freudestrahlend durch die Sonne hüpft. So geht es ihm eine ganze Zeit lang.

Irgendwann kommt es, wie es kommen muss – Einsamkeit. All die Ablenkungen sind irgendwann nichts mehr wert und man wacht sonntagmorgens auf und stellt fest, dass der Tag ein einsamer wird. Klar, man telefoniert ab und an mit Freunden oder der Familie, oder holt sich beim Bäcker ein Brot (sofern der sonntags geöffnet hat), aber eigentlich ist man doch allein. Natürlich ist es schön, Zeit für sich zu haben, aber irgendwann hat man vom Alleinsein genug, weil wir ja irgendwie Rudel- oder zumindest Paartiere sind. Ich bewundere Menschen, die jeden Tag allein sind und damit auch wunderbar klarkommen, aber für mich und auch für Lutz ist das definitiv nichts. (Lutz und ich sind nämlich Freunde.) Wie sieht das bei dir aus? Kannst du das? Ich meine jetzt nicht nur einen Abend oder zwei Tage, sondern eine lange Zeit. Nur du und du, sonst niemand.

Natürlich sollte die Partnersuche nicht davon geleitet sein, nicht allein sein zu wollen, aber irgendwie spielt das doch immer eine Rolle – die Suche nach dem „Zeitteiler". (Ich könnte einen sehr sexistischen Witz machen, indem ich das Wort ein wenig anpasse, aber das tue ich nicht.)

Vielleicht solltest du ein Buch schreiben, und darin das Gefühl aufbauen, dass du und der Leser super Freunde seid, dann hast du definitiv einen Freund gefunden, den du auch noch selbst erschaffen hast. Das wäre doch mal eine Idee, oder? Du kannst ihm oder ihr auch einen Namen geben.

Falls du das nicht hinbekommst, gibt es aber noch andere Möglichkeiten, weil, und das ist jetzt mal völlig ohne Ironie, niemand allein sein sollte. (So doppelt verschachtelte Satzkonstruktionen verstehe ich nicht.)

Lutz hat die Zeit auch irgendwann überstanden und ist mit der Schwester von Lisa zusammengekommen. Alles ist ganz anders gelaufen, als er sich das vorgestellt hat. Wenn du ihn jetzt fragst, wie er sich fühlt, dann braucht er nur ein Wort: glücklich.

P.S.: Sie haben natürlich weiterhin viel Geld.

XVI

MEHR ALS ALLES ANDERE

———

Denk' mal an all die schönen Momente in deinem Leben. Was fällt dir ein? Welche Momente haben dich berauscht? Was hat dich besonders glücklich und stolz gemacht? Wenn ich an meine Momente denke, dann war das nicht mein Abitur, das Diplom oder der erste große Auftrag, sondern hatte für mich immer etwas mit dem anderen Geschlecht zu tun. Ja, ich weiß, man sollte sich nicht über andere Menschen definieren und seinen Selbstwert über seine eigenen Leistungen definieren, aber das Gefühl zu haben die Eine gefunden zu haben und sich ineinander zu verlieben, ist einfach unbeschreiblich. (Wenn du jetzt schon über der Toilette hängst, dann ist das leider so.) Das erste Mal verliebt zu sein, war doch für jeden von uns unbeschreiblich. Kannst du dich daran noch erinnern? Ich habe tagelang überlegt, was ich zu ihr sagen soll und habe in der Schule immer hinübergeguckt. Ich kriege heute noch Gänsehaut, wenn ich daran denke, und frage mich eher, warum ich nie was gesagt habe. Ja, leider habe ich es nicht auf die Reihe bekomme. Ich habe wochenlang herübergeschaut und sie angelächelt. Sie hat engelsgleich zurückgelächelt, aber gesagt habe ich nie etwas. Irgendwann hatte sie dann einen Freund und der Zug ist ohne mich abgefahren. Aber das Gefühl in dem Moment war unbeschreiblich.

„Warum bist du nicht hingegangen?", denkst du dir vielleicht gerade. Simpel gesagt: Ich hatte Schiss inne Buchs. Vielleicht hätte mir der Gedanke des Übermenschen da doch weitergeholfen.

Wolltest du schon mal ein Übermensch sein? Damit meine ich nicht bloß, jemand, zu dem andere aufschauen, sondern jemand, der wirklich anderen meilenweit überlegen ist. Was brauchst du dafür oder besser gesagt, wie wirst du so ein toller Hecht? Eigentlich ist die Lösung ganz einfach, du musst ausreichend Chia-Samen essen, jede Mittagspause zum Sport gehen und dich abends auf den richtigen Business-Veranstaltungen herumtreiben. Wenn du dir dann noch ein paar Youtube-Tutorials anschaust, ist das Ziel

nicht mehr weit (am besten noch jeden Schritt für die Nachwelt auf Instagram festhalten). Und wenn du dich richtig ins Zeug legst, dann kannst du bald ein paar Fotos vor deinem neuen Ferrari machen. Ich klinge ironisch? Wieso? Bitte erwarte jetzt keine Gesellschaftskritik. Jeder weiß doch am besten, was für ihn oder sie gut ist, oder? Wir sind doch sicherlich nicht fremdgesteuert und wissen immer was am besten für uns ist.

Welche Ziele verfolgst du in deinem eigenen Leben? Mir kommt es manchmal so vor, als hätte ich so viele Ziele, dass ich eigentlich nur damit beschäftigt bin, diese Ziele zu erreichen. Leider erfordert dieses Zielsammelsurium eine Menge Arbeit oder sagen wir besser Zeit. Von den 24 Stunden meines kleinen Tages stehen mir nach Abzug dieser Zeit eher Minusstunden zur Verfügung. Aber ich bin schon viel zu weit. Fangen wir zunächst damit an, unsere Zeitfresser zu sammeln. (Wenn du jetzt Tipps zum Zeitmanagement erwartest, muss ich dich leider enttäuschen.) Welche Dinge sind dir wichtig, für die du Zeit opferst? Da du immer noch nicht so wirklich antworten kannst, erzähl' ich dir gerne von meinen. Nun, fangen wir mal mit der Arbeit oder besser dem „Hustlen" an. Ich stecke einen Großteil meiner Zeit in mein Business. Welches Ziel verfolge ich damit? Nun, vielleicht will ich reich werden oder berühmt oder einfach nur meine Miete bezahlen, aber ich kann definitiv von mir behaupten, dass ich eine Menge arbeite (das soll keineswegs traurig klingen). Ich kriege Kopfschmerzen, wenn ich zu viele E-Mails als unbearbeitet markiert habe oder wenn auf meinen Notizzetteln zu viele Nummern stehen, die zurückgerufen werden müssen. Jeder Anruf ist wichtig, die ganz wichtigen haben zwei Ausrufezeichen, die super wichtigen kriegen sogar drei.

Daneben gibt es natürlich noch Meetings. Meetings sind in der Regel Termine mit anderen Menschen, nach denen man merkt, dass man auch einen Mittagsschlaf hätte machen können – manchmal zumindest. Das soll nicht überheblich klingen, aber die meisten solcher „Business-Dates" hätte ich mir in den vergangenen zehn Jahren sparen können. Ähnliches gilt übrigens für circa 200 Veranstaltungen auf denen ich 1.000 Visitenkarten gesammelt habe. Was hätte ich mit der gesparten Zeit alles tun können?

so essen kann. Stellst du dir nicht auch die Frage, was man dann noch essen darf? Brot, Nudeln, Kartoffeln, Obst und so scheiden ja schon aus. Nun, dann mache ich mir ein Ingwer-Kokos-Süppchen mit ein paar gerösteten Pinienkernen drauf. Ade, du schönes Nutella-Brot. (Ich hoffe, du merkst, dass ich dir ein paar wertvolle Ernährungstipps geben möchte.)

Die Frage ist, welches Ziel ich mit dem Spaß überhaupt verfolge. Natürlich geht es mir um meine Gesundheit. Es ist schließlich erwiesen, dass Chia-Samen viel besser als Leinsamen sind. Weißt du, was das Problem dieser Leinsamen ist? Die sind einfach viel zu billig. Und wenn ich schon ein paar Euro jeden Monat scheffle, dann investier ich das am liebsten in mich selbst. Das sollten wir uns doch alle wert sein (Ironie Ende). Ich glaube, ich mache das eher, weil ich denke, dass ich so rank und schlank bleibe, bis ich irgendwann dann in einer Kiste liege. Wahrscheinlich falle ich eher um, weil ich 20 Prozent meiner Hirnleistung jeden Tag darauf verwende, was ich essen „darf". Wer verbietet mir eigentlich jeden Tag Nutella-Brote – ach was sage ich? – Nutella-Butter-croissants zu essen? Niemand. Oder doch. Ich selbst verbiete mir das. Ich verbiete mir also das, was ich eigentlich möchte. Super Logik, Felix. Jetzt entgegnest du wahrscheinlich, dass ich auch nicht jeden Tag Nutella-Croissants essen kann, weil dann schmecken die mir nach drei Tagen nicht mehr. Dazu kann ich dir sagen: Das wird nicht passieren und wenn doch, zählen wir diese Zeit lieber in Jahren als in Tagen. Natürlich möchte ich auf meinen Körper achten, sonst muss ich mir auch jede Woche neue Klamotten kaufen und das wäre teuer und würde mit meinem beruflichen Ziel, reich zu werden, zuwiderlaufen. Irgendwie befinde ich mich in einem Teufelskreis. Wenn ich ab heute nur noch Chia-Samen esse, werde ich dann 1.000 Jahre alt? Ich glaube, selbst dann würde ich Nutella essen.

Vielleicht sollten wir uns also vom Essen entfernen. Das macht mich nur traurig. Natürlich bin ich auch zu ein paar Prozent – vielleicht so 90 Prozent – äußerlich veranlagt.

Also klar, das Aussehen wird zum Teil definiert durch meinen Körper, der nur noch Samen bekommt, aber natürlich gibt es da auch noch mehr. Ein toller Körper entsteht aus der Symbiose aus Sport, richtiger Ernährung und dem Drogeriemarkt. Sport finde ich super, ich glaube das ist mal nicht gelogen. (Also eigentlich war nichts gelogen, sondern nur frech formuliert.) In letzter Zeit habe ich aber das Gefühl, mein Körper kämpft gegen den eigenen Zerfall. Na gut, vielleicht ist das ein bisschen hart formuliert. Aber um es ehrlich zu sagen, treibt mich das Nutella-Croissant ins Fitnessstudio, das mir wiederum die Genehmigung erteilt, Nutella zu essen. Schon wieder so ein Teufelskreis. Mensch Felix, du musst dich einfach besser kontrollieren. Zweimal Sport sorgt für einmal Nutella. So hätten wir doch glatt ein positives Übergewicht und sehen bald aus wie ein richtiges Fitness-model und können endlich Bilder ins Internet setzen ohne T-Shirt. Natürlich mache ich Sport aufgrund der Work-Life-Balance und versuche, mich mit Cross-Training und Joggen fit zu halten. Beim Laufen greife ich mir schon mal in den Hüftspeck und frage mich, ob es schon was gebracht hat. Ein anderer Tipp ist übrigens duschen. Ich glaube fest daran, dass man die Duschbrause nur hart genug einstellen muss, dann durchdringt der Strahl die Haut und löst überschüssiges Fett. Vielleicht wäre das mal eine Idee für ein tolles Start-up. Ich würde es kaufen.

Leider ist es noch nicht vorbei mit der wunderbaren Welt der Oberflächlichkeit. Ich brauche auch was, das meinen wundervollen Körper kleidet. Und da ich ja business-mäßig unterwegs bin, muss da natürlich schon der ein oder andere Euro investiert werden. Ich finde es fürchterlich, wenn Menschen denken, dass ein weißes Hemd reichen würde. Frei nach Karl Lagerfeld haben diese Menschen wirklich die Kontrolle über ihr Leben verloren. Ich besitze glaube ich 20 weiße Hemden. Ich möchte an dieser Stelle betonen, dass jedes dieser Hemden völlig anders ist. Es gibt welche mit hellen und welche mit dunklen Knöpfen, es gibt Haifisch- und Kentkragen, solche mit Doppelmanschette und auch einige mit Brusttasche, aber auf keinen Fall welche mit kurzen Ärmeln. Ich glaube sogar, dass es immer noch zu wenige sind. Viel schlimmer finde ich aber eigentlich diese ganzen Dinge miteinander zu kombinieren. Als Frau hat man es da definitiv einfacher. Warum? Einfach ein schwarzes Kleid anziehen, davon gibt es nämlich nur eines, und schon ist man fertig. Wir Männer müssen Schuhe, Hose, Gürtel, Hemd, Sakko und allerhand anderes kombinieren. Als vor ein paar Jahren alle angefangen haben, bunte Socken zu tragen, war das für mich einer der schlimmsten Momente in meinem Leben. Ich habe mittlerweile alle Farben des Regenbogens an Socken zu Hause und stimme diese sowohl auf Einstecktuch, Krawatte und Uhr ab. Jetzt sage mir noch mal jemand, dass das nicht stressig ist. Am meisten hasse ich Hosen. Na gut, „hassen" ist vielleicht übertrieben. Aber kann jemand mal festlegen, dass sich da nicht permanent was ändert? Warum tragen wir nicht alle Uniform und marschieren im Gleichschritt. Klar, das wäre sicher ein bisschen langweilig, aber ich glaube, das würde mir sicher weiterhelfen bei meiner Planung.

Fertig mit der Zielerreichung? Leider nicht. Es gibt noch so ein paar banale Dinge, die wir kurz festlegen sollten, mein Freund. Wenn ich mich in meinem 300-Quadratmeter-Penthouse mit eigener Rooftop-Bar umschaue, wird mir schlecht. Einige der Bilder hängen schon länger als zwei Wochen an der gleichen Stelle. Auch finden sich immer wieder neue Ecken, die renoviert oder besser überarbeitet werden müssen. Ich überarbeite alles, inklusive mir selber. Diese Ecken müssen zunächst von dem alten Pröll befreit werden, um die Basis für die folgende Optimierung zu schaffen. (Ich liebe meine Beraterdenkweise.) Anschließend schaue ich mir bei Pinterest eine Menge Bilder an oder besser: Ich freue mich auf hippe Moodboards, um meine nicht vorhandenen kreativen Prozesse anzuregen. Das Ergebnis ist meist ein Besuch im Baumarkt oder der Besuch von 500 Onlineshops, die mir die neuesten Trendprodukte schmackhaft machen. Am Ende habe ich erfolgreich alles eingekauft und die Optimierung kann starten. Dieses Mal wird es eine Wand in Holzoptik, die von oben mit Edison-Birnen bestrahlt wird und vor der ein Schaukelstuhl aus den 60ern steht. Das Ergebnis ist eher eine Ecke, die dringend gestrichen werden muss und in der jemand

einen kaputten Sessel vergessen hat. Sehnsüchtig denke ich an meine 27-Quadratme-
ter-Studentenbude zurück, in der die Badewanne so klein war, dass die Knie nie unter
Wasser waren. Aber hey, ich hatte eine Badewanne. Dekadenz bis zum Anschlag.

Neben der Wohnung ist mein Lieblingsobjekt der edle Transporteur, der mich immer
zu meinem Business kutschiert. Ich glaube, in keinem anderen Bereich meines Lebens
lässt sich mein gesellschaftlicher Aufstieg so gut ablesen wie an meinem Auto. Gestar-
tet mit einem rostigen kleinen Ford Fiesta habe ich es geschafft, mich bis zum Stern
der Autos vorzuarbeiten. Ich glaube, darüber schreibe ich das nächste E-Book. „Vom
Fiesta ganz nach oben." Dass der liebe Wagen permanent in die Werkstatt muss, weil
die Elektronik spinnt, lasse ich einfach weg. Es zählt der Moment, in dem ich aus dem
offenen Fenster den Mädels auf der Königsallee winken kann. Manchmal, aber nur,
wenn ich wirklich gute Laune habe, schmeiße ich ein paar 5-Euro-Scheine aus dem
Fenster. Aber auch nur 5 Euro, weil ich finde, man sollte es auch nicht übertreiben.
Ich denke, die meisten Leute werden schnell verstehen, dass man sich gesellschaftlich
in einer ganz anderen Kaste befindet. Jedoch hat das Auto auch ein paar Nachteile.
Nach der Anschaffung mussten natürlich erst mal ein paar anständige Felgen her. Das
sind ja quasi die Schuhe des Autos. Leider sind diese Felgen, zu denen natürlich auch
Reifen gehören, doch etwas teurer als ursprünglich angenommen. Ich glaube ganz
ehrlich, dass mein erstes Auto weniger gekostet hat, als das, was nun in die Reifen ge-
flossen ist. Aber natürlich will ich etwas hermachen, so sind mir die Blicke doch gewiss.
Mal kurz eingeschoben: Zwischendurch hatte ich auch einen kleinen Lupo
mit einem „No Fear"-Schriftzug vorne auf der Scheibe. Ich
glaube, ich war ein ziemlicher Draufgänger. Welche
anderen Ziele verfolgst du? Bist du auch so oberflächlich konditioniert wie ich?

Nachdem wir jetzt eine kleine Analyse durchgeführt haben, müssen wir uns jetzt
einen Schlachtplan erarbeiten, mit dem wir das Endziel „Übermensch" erreichen können. Dabei gibt es nur ein gravierendes Problem. Auch viele, wenn nicht alle anderen

Menschen verfolgen das Ziel, Übermensch zu werden. Eigentlich ist das Ganze ein bisschen wie in einem Computerspiel. Oder besser noch wie bei Game of Thrones. Jeder möchte auf den eisernen Thron oder – falls du die Serie nicht kennst – jeder möchte Prinzessin Peach aus dem Schloss retten. Wenn dir das jetzt auch nichts sagt, dann weiß ich nicht weiter und bitte dich, aufzuhören zu lesen. Wir befinden uns also in einem stetigen Kampf mit einer Vielzahl an Wettbewerbern. Natürlich können wir den einen oder anderen leicht hinter uns lassen, weil der beim Ford Fiesta stehen geblieben ist. Aber es gibt auch solche, mit denen es nicht so leicht wird. Gerade heute Mittag sind mir solche in Düsseldorf am Medienhafen begegnet. Ein Blick auf die Schuhe und die entsprechenden Socken zeigt schnell, wer ein wahrer Gegner ist. Aus dem Augenwinkel wirft man sich einen verstohlenen Blick zu und beide Kontrahenten wissen schnell, dass man vor hundert Jahren das Schwert gezückt hätte (na gut, vielleicht vor 500 Jahren). Dazu könnte man wunderbar eine dunkle klassische Musik im Hintergrund laufen lassen. Der Himmel verdunkelt sich und jeder rückt das Einstecktuch noch ein wenig gerade, bis es zum finalen Showdown kommt. Doch was ist das? Ist das ein Anzug von der Stange? Das kann nicht sein. Das darf nicht sein. Der, der sich als würdiger Gegner abzeichnete, ist nichts mehr als ein ganz einfacher Sachbearbeiter, dessen Socken sich nur aufgrund von mangelhaftem Waschverhalten rosa gefärbt haben. Erhobenen Hauptes und mit epischer Gewissheit fühle ich mich bestärkt darin, morgens so viel Zeit in die Auswahl der Socken gelegt zu haben. Ein kleiner Sieg auf dem Weg aus der Mittagspause zurück ins Büro, der mich für mindestens drei Minuten beflügeln wird.

Natürlich trägt man nicht nur Siege davon. In meinem Fitnessstudio gibt es einige solcher Trainingsfreunde, deren Körper einem Abbild des großen Herkules gleichen. Das deprimiert natürlich beim eigenen Trainingsfortschritt. Jedoch wird mir wieder bewusst, dass andere diese Ziele nur erreicht haben, weil sie zu verbotenen Substanzen gegriffen haben. Das Maximum im Natural Bodybuilding habe ich bereits vor Jahren erreicht. Sanft streiche ich mir beim Sport über die Stelle zwischen dem zweiten und dritten Bauchmuskel und weiß, wofür ich das Ganze mache (übrigens ist es interessant darüber nachzudenken, was dann Unnatural Bodybuilding ist.) An sich ist der Begriff „Bodybuilding" schon witzig. Ich baue oder besser „erschaffe" meinen Körper. Ich steige empor aus der Asche und glänze ... Ich glaube ich habe zu viele Serien geschaut.

XVII

HOFFNUNG IN DICH

———

Ich glaube, du hast verstanden, worum es mir ging, oder? Ich hoffe es. Ich möchte jetzt woanders mit dir hin. Wir machen quasi einen Ausflug. So einen wie früher in der Schule. Aber unser Ausflug wird besser und viel interessanter. (Ich baue mal ein wenig Erwartungshaltung auf.)

Findest du dich in einem der Punkte des letzten Kapitels wieder? War etwas dabei, dass du auch in dir siehst? Wenn nicht, finde ich das super. Eigentlich brauchst du dann auch nicht weiterlesen, sondern kannst einfach nach Hause gehen und glücklich sein. Aber was, wenn doch? Dann mein lieber Freund, nehme ich dich jetzt an die Hand und wir marschieren gemeinsam durch das finstere Tal der Eitelkeiten, über den Berg der Oberflächlichkeit und durchqueren den Fluss der Egomanie. Bereit?

Ich mache gerne den ersten Schritt durch das Tal. Viele der selbstgeschaffenen Ziele sind für mich nutzlos. Eigentlich klingt das ein wenig bedrückend, vielleicht sogar deprimierend, aber ich meine es so. Das „eigentlich" kannst du also eigentlich streichen. Aber warum? Das will ich dir gerne mitteilen. Nun, wir beide sind uns doch bewusst, dass wir irgendwann nicht mehr da sein werden. Also klar, vielleicht werden wir wiedergeboren als Hobbit oder Drache, aber erst mal sind wir weg. Macht es dann Sinn, nach solchen Dingen zu streben? Ich meine die Frage ernst und ehrlich gesagt habe ich da auch nicht wirklich eine Antwort drauf, aber es macht zumindest mal Sinn, darüber nachzudenken. Als kleiner Junge bei den Pfadfindern habe ich immer davon geträumt, irgendwann mal 1.000 Deutsche Mark zu haben. Das war so ein riesiger Geldschein mit einem gruseligen Mann drauf. Der Schein war braun und ich hatte auch erst einen in meinem bisherigen Leben gesehen, als mein Vater ein Auto bezahlt hat. Als er den Schein aus der Tasche gezogen hat, habe ich erst nicht verstanden, was das ist. Aber als ich dann das Gesicht des anderen Mannes gesehen habe, wurde mir klar, dass es etwas ganz Besonderes sein muss. Irgendwann, nachdem ich mein Bafög zurückgezahlt und das Konto wieder ausgeglichen war, hatte ich 1.000 Euro gespart und bin zur Bank gegangen, um alles abzuheben. Leider gab es die Deutsche Mark nicht mehr und der Euro ging auch nur bis 500. Trotzdem war der Anblick der beiden 500-Euro-Scheine imposant. Kurz habe ich mich gefragt, ob ich jemals wieder arbeiten muss oder nun endlich Privatier werden kann. Beide Scheine haben auch einen Namen bekommen und erinnern mich heute an diese Zeit zurück. Nachdem dieses Ziel erreicht war, wollte auch ich weiter hinaus. Höhere Geldscheine gibt es leider nicht, also war das Mehren des Geldes mein vorrangiges Ziel. Durch Fleiß, harte Arbeit und manchmal auch Glück habe ich so jede selbstgesetzte Zielmarke erreicht, 10.000 Euro, 100.000 Euro, bis ich meine ersten Milliarden gescheffelt habe. Gut, der letzte Teil des Satzes ist Quatsch. Aber manchmal kam ich mir vor wie beim Turmbau zu Babel. Je höher ich hinaus wollte, desto weniger hat es mich glücklich gemacht. Versteh' mich hier bitte nicht falsch, ich glaube sehr wohl, das Geld beim Glücklichsein helfen kann, aber ich glaube, dass mehr Geld nicht glücklicher macht – zumindest ab einem gewissen Punkt. (Ob der Satz jetzt so hundertprozentig sauber ist, weiß ich nicht.) Der Antrieb meiner eigenen Arbeit hat sich irgendwann vollkommen verschoben. Wo es zu Beginn sicher mein Antrieb war, Geld zu verdienen, ist es jetzt mehr denn je der Spaß an dem, was ich tue. (Ja, ich weiß, wir fassen uns gleich alle an der Hand und tanzen im Kreis.) Das ist natürlich immer leicht gesagt, wenn man sich um Miete und Essen keine Gedanken machen muss, aber da das hier mein Buch ist (und das ist nicht überheblich gemeint) kann ich auch nur von mir berichten. Wenn ich mit Start-ups zusammenarbeite, sind die am erfolgreichsten, deren Antrieb nicht Geld ist, sondern Leidenschaft und Motivation, etwas zu ändern. Wenn ich dir 3 Groschen vor die Füße werfe und rufe „Tanz!", tanzt du bestimmt nicht mit der gleichen Leidenschaft, wie du es für eine hübsche Frau würdest, der du zeigen willst, dass du ein Top-Tänzer bist, oder? (Super Beispiel, Felix).

Was ich bei meiner hochwertigen Analyse ein bisschen vergessen habe, ist das Thema Liebe und Beziehungen, aber vielleicht hätte das auch in den oberflächlichen Tenor nicht reingepasst.

Meinst du, die Entwicklung der Gesellschaft hat Einfluss auf die Dauer und Tiefe von Beziehungen? Ich habe heute morgen mit meiner Oma telefoniert und ich glaube, meine Großeltern waren über 50 Jahre zusammen, und ich glaube, aus der Generation geht es sicher vielen so. Bei der Generation danach waren es nach meinem Gefühl häufig nur noch 20 bis 40 Jahre und im Moment habe ich das Gefühl, dass gerade jüngere Paare selten länger als 10 Jahre zusammen sind. Warum ist das eigentlich so?

Also hat sich so viel verändert, dass man mit seinem Partner nicht mehr so lange zusammen sein will oder ist es so, dass die Auswahl größer geworden ist. Wenn der Sinn des eigenen Lebens auch mit dem eigenen Partner zu tun hat, dann spielt das ja schon eine ordentliche Rolle. Ich meine, heutzutage ist es doch irgendwie einfacher jemanden kennenzulernen. Im Zeitalter von Social-Media-Portalen, Smartphones und Flirt-Communitys kann ich täglich neue Menschen anonym kennenlernen. Der erste Eindruck hier ist völlig oberflächlich. Bist du als Mann unter 1,75 cm wirst du bei Tinder schon mal großzügig nach links geschoben, da kannst du Humor und Intelligenz haben, wie du willst. Ich glaube meine Großeltern hatten da nicht so die große Auswahl. Da wusste man quasi nicht mal, wer im Dorf nebenan wohnt. Da konnte ich mich quasi gar nicht in den Mann oder die Frau 30 Kilometer entfernt verlieben, weil ich sie nie kennengelernt hätte. Ist das also der Grund, warum ich den Erstbesten aus meiner kleinen geografischen Welt genommen habe? Ich glaube nicht. Aber woran liegt es dann? Vielleicht daran, dass ich schneller zufrieden war mit bestimmten Dingen? Vielleicht. Also, mir geht das schon manchmal so, dass ich das Gefühl habe, immer nach mehr zu streben und dabei manchmal vergesse, wie toll das ist, was ich schon habe. So ähnlich wie mit dem Auto, von dem ich dir berichtet habe. Das nervt mich ehrlich gesagt auch ein bisschen. Weißt du, was das Problem ist? Es gibt immer ein „Mehr" und wenn es immer mehr gibt, dann gibt es kein Ende und man ist vielleicht nie zufrieden. Wenn ich jahrelang Ferrari fahre, weiß ich irgendwann nicht mehr zu schätzen, dass ich so ein tolles Auto fahre, und ich meine, ich bräuchte etwas Neues – ich bräuchte mehr. Vielleicht geht es einem mit Beziehungen genauso. Entschuldige, wenn es gerade etwas ernster ist.

Das Problem an der ganzen Kiste ist, dass man steigende Ansprüche häufig nicht einfach abstellen kann. Ich bewundere Menschen, die mit manchen Dingen zufrieden sind, die mir niemals reichen würden. Wir sehen nur noch, was es alles noch gibt in der Welt, und vergessen dabei, was vor uns liegt. (Ob die Metapher jetzt korrekt ist, weiß ich nicht, aber zumindest ist es unsere.)

Klar, als Kind haben wir auch unser Lieblingsspielzeug permanent gewechselt und wollten immer was Neues, aber ein gewisses Zufriedenheitsdenken wäre schon ganz schön. Ich glaube, das ist eine Grundlage für eine erfolgreiche Beziehung. Auch wenn man vielleicht nicht oft darüber nachdenkt. Eigentlich ist es auch witzig, dass ich hier glorreiche Beziehungstipps gebe.

Ich habe vor kurzem gelesen, dass sich jeder Dritte mittlerweile im Internet verliebt. Was hältst du davon? Ich weiß es irgendwie nicht, irgendwie ist das doch komisch. Andererseits ist es toll, wenn es etwas gibt, was auch Menschen eine Chance gibt, die aus welchen Gründen auch immer sonst keine Chance auf Zweisamkeit haben. Ich habe da keine richtige Meinung zu. Und das ist eigentlich sehr selten. Was ich aber glaube, ist, dass sich das Ganze in den nächsten Jahren noch weiter entwickeln wird. Klar, die Vorstellung, den Partner fürs Leben an der Kasse im Supermarkt zu treffen, ist sicher romantischer, aber wenn es eben keinen Supermarkt in der Nähe gibt oder ich nie einkaufen gehe, hätte ich direkt verloren. Das wäre schon ein bisschen doof. Wobei, wenn ich an meine Einkaufserlebnisse denke, da war gerade die Zeit an der Kasse alles andere als romantisch, sondern von drängelnden Personen und verschütteten Joghurts geprägt. Keine besonders romantische Atmosphäre. Aber dieses Thema bewegt mich selber total, wie geht es dir? Das Kennenlernen der beiden Geschlechter hatten wir ja am Anfang des Buches schon. Mann und Frau und kompliziert.

Ich finde das ziemlich witzig, dass Frauen aus zwei X-Chromosomen und Männer aus einem X und einem Y bestehen. Ehrlich gesagt habe ich keine Ahnung, was Chromosomen überhaupt sind, aber das ist egal. (Ich glaube irgendwas mit Genen und die Gene sind wichtig. Vielleicht sehen die wie ein X und ein Y aus.) Also eigentlich müssten die beiden Geschlechter dann zu 50 Prozent gleich sein. Ist das jetzt viel oder wenig? Wenn mir eine Frau über den Weg läuft, ist die also zu 50 Prozent wie ich. Stelle ich mir lustig vor oder vielleicht doch nicht, wenn ich an bestimmte Sachen denke. (Eigentlich könnte ich jetzt einen doofen Witz machen, dass Männer zwei Buchstaben haben und Frauen nur einen und Männer deswegen gewonnen haben, aber wir wollen nett sein.)

Über die Unterschiede bei der körperlichen Ausgestaltung brauchen wir hoffentlich nicht mehr reden. Die kennst du bestimmt aus dem Biologieunterricht oder aus tollen Gesprächen mit deinen Eltern.

Dieses „Y" von oben führt jedoch dazu, dass manches recht schwierig mit Frauen ist. Ich finde, die meisten Frauen sind ein wenig emotionaler als Männer. (Bei manchen Frauen kann man „ein wenig" ersetzen durch „sehr viel".) So entstehen Situationen, mit denen ein Mann nicht umgehen kann, weil das männliche Gehirn so klein ist, dass es das nicht versteht. Das Gehirn ist natürlich nur so klein, weil der Mann es wesentlich effektiver benutzt und deshalb nicht so ein großes braucht – ist eigentlich auch ziemlich klar.

Diese Emotionalität schafft ein ziemliches Durcheinander. Also, Emotionen sind natürlich total toll, aber manchmal auch doof. Ich erinnere mich an Filme, die lustig waren, wo die Filmpartnerin auf einmal weint und man sich fragt, ob ihr gerade was ins Auge geflogen ist. Oder an Situationen, wo einfach nur ein kleiner Hund über die Straße läuft und die Welt auf einmal stehen zu bleiben scheint und man dieses kleine süße Ding unbedingt streicheln muss. Am besten so lang, dass man die Bahn verpasst.

Was, glaubst du, gibt es mehr auf der Welt? Männer oder Frauen? Also, ich dachte ja eigentlich, es gibt mehr Frauen, und hatte das hier schon freudig aufgeschrieben. Leider lag ich wie so oft falsch. Es gibt mehr Männer. Ein paar Millionen mehr sind das

Ich hätte mich an einen Strand setzen und einfach raus aufs Meer schauen können. Aber seien wir doch mal ehrlich, und das trifft nicht nur auf Meetings zu, wie viel tut man, was man beruflich nicht tun müsste. Doch schon eine ganze Menge. Vielleicht entgegnest du jetzt: „Ja, aber manchmal weiß ich doch vorher nicht, ob eine Sache nützlich oder nutzlos ist." Ja, da hast du vollkommen recht, bei vielen Dingen wirst du das niemals wissen. Das, was du aber weißt, ist, was nützlich für dich ist. So kannst du aus deiner Erfahrung heraus doch für die Dinge mehr Zeit einplanen, die für dich einen Nutzen haben. Und weißt du, was das Praktische daran ist? Das, was nützlich ist, entscheidest du ganz alleine. Wenn dein Nutzen dein eigenes Glück ist, dann nimm dir die Zeit, diesem Nutzen nachzugehen (Ok, jetzt sind wir doch in Esoterik I angekommen). Aber natürlich solltest du deine Zeit auch nicht nur für das glorreiche Arbeiten opfern.

Es gibt bestimmt auch noch andere Ziele, die du verfolgst. Ich habe noch einen leichten Ernährungs-Fitness-Knall. Warum Knall? Das erklär' ich dir gleich. Mein Frühstück besteht zum Großteil aus geschrotetem Schrot und dazu gibt es dann ein paar Chia-Samen, Acai-Beeren und einen Hauch Agavendicksaft. Früher habe ich einfach Smacks oder Kellogg's Frosties gegessen. Kennst du die noch? War das nicht auch gesund damals? Nein, ich glaube das war schon immer ungesund. Mittags geht man als Business-Mensch meist in irgendein Restaurant oder besser in den naheliegenden auf Slow Food spezialisierten Green-Smoothie Laden (ich klinge unbeabsichtigt ironisch). Abends darf ich bekanntlich keine Kohlenhydrate essen. Das Wichtige dabei ist eigentlich, dass man gar nicht weiß, was Kohlenhydrate überhaupt so sind. Manche sind glaube ich gut, andere sind böse und verstecken sich dann unter der Haut und gehen nie mehr weg. Bleibt abends eigentlich nicht mehr viel über, was ich dann schon. Aber: In Deutschland gibt es mehr Frauen und ich glaube, das merkt man schon manchmal. Deutschland ist ja bekannt dafür, dass hier alles sauber und ordentlich ist, irgendwo muss das ja herkommen. (Ist das jetzt der eine Schritt zu viel?)

Was auch noch eine sehr wichtige Info ist, ist, dass Frauen manchmal wesentlich älter werden als Männer. Warum ist das so? Mein Opa hat immer gesagt, das habe damit zu tun, dass die Männer arbeiten müssen. Aber mittlerweile arbeiten ja auch ein paar Frauen, zwar nicht viele, aber das kommt dann wohl nicht mehr unbedingt hin. Also bleibt das wohl ungelöst, weil es am Ende beim Überleben doch auf das größere Gehirn ankommt. Und weil Männer nicht gerne zum Arzt gehen und alles selber können und wissen.

Welche Unterschiede können wir noch entdecken? Also, eine Frau schaut schon ziemlich oft in den Spiegel. Aber irgendwie ist das auch berechtigt, weil Frauen sind schon ein bisschen schöner als Männer. Also die meisten zumindest. Na gut, es gibt auch hübsche Männer, aber das sind nur eine Handvoll.

Wusstest du eigentlich, dass das weibliche Symbol, also das Venussymbol, ein stilisierter Handspiegel ist? Ich finde das ja ziemlich lustig, dass die Frauen als Zeichen einen Handspiegel haben. Da hat sich jemand ziemlich gute Gedanken gemacht. Die Männer müssten eigentlich dann vielleicht eine Bohrmaschine als Zeichen haben, aber ich glaube, die gab es damals noch nicht. Eine coole Flamme fände ich auch gut. Das männliche Symbol, das mit dem Pfeil nach oben, nennt man übrigens Marssymbol. (Dass der Pfeil beim Mann nach oben zeigt, ist ja auch ziemlich passend, wenn du meinen Gedankengang verstehst.) Weißt du auch, wofür das steht? Ich bin mal ehrlich, ich hatte keine Ahnung. Der Kreis zeigt einen Schild und der Pfeil ist quasi ein Schwert. Eigentlich ganz cool. Ich glaube, ich lasse mir da ein cooles Tattoo machen.

Männer und Frauen in eine Kiste zu packen, ist sicherlich lustig, aber ich glaube, auf Dauer gibt es dann ein bisschen Streit, weil meistens sind die Frauen ja ziemlich eifersüchtig und schimpfen mit den Männern, wenn die sich andere Frauen angucken. Aber warum führt das zum Streit? Weil Männer mehrere Frauen wollen und Frauen nur einen Mann? Vielleicht eine exklusive Meinung. Aber das Thema Monogamie und das Gegenteil wollen wir uns mal angucken.

Wenn man nur mit einem Mann oder einer Frau zusammen ist, nennt man das, glaube ich, Monogamie. Eine genauere Definition brauchen wir nicht. Das Gegenteil davon kann man laut dem schlauen Buch neben mir auch Vielweiberei nennen. (Dieser Begriff stammt nicht von mir.) Dann gibt es noch Polyandrie oder Polygynie, da hat nur einer der Partner noch ein paar andere Bettgenossen. Auch das gibt es ja ziemlich häufig, meistens weiß nur der monogame Partner nichts davon. Was ich bei meiner Recherche für uns noch rausgefunden habe, ist, dass manche Vogelweibchen dann monogam sind, wenn das Männchen genug Essen nach Hause bringt. Lustig eigentlich und manchmal kann dies auch bei menschlichen Weibchen beobachtet werden. Aber wenn der Mann zu lange braucht, zum Essen sammeln, und sich dann zu wenig um sein Weibchen kümmert, kann es auch sein, dass sie anderweitig „vögelt". Ich meine, ohne Essen ist auch doof, oder? Ich habe noch weitere sehr seltsame Dinge herausgefunden, aber das desillusioniert doch ein wenig.

Wusstest du, dass die meisten Partnerschaften auf der Welt nicht monogam sind? Also klar, hier in der westlichen Welt ist das kommunizierte Praxis. Aber in vielen Kulturen ist das nicht die normale Beziehungsform. Ich habe gerade das Gefühl, dass ich überhaupt gar nichts weiß. In manchen Ländern ist Polygamie übrigens verboten. (Da ist der Fachbegriff.) Also nicht, wenn man jetzt mal mit zwei Männern knutscht, sondern mit mehreren verheiratet ist. (Die Beispiele in dieser Geschlechterreihenfolge zu machen, fällt mir schwer.) In Großbritannien gab es mal eine Frau, die mit 61 Männern verheiratet war, das ist ja schon recht viel und da wird uns Männern immer Untreue vorgeworfen. Ich stelle mir die Umsetzung aber dauerhaft doch recht mühsam vor. Ich meine: Wie feiert man dann seinen Geburtstag? Wobei: Man bekommt auch 61 Geschenke, sofern kein Mann den Geburtstag vergisst.

In Kenia ist Polygamie seit einiger Zeit auch rechtlich erlaubt. Aber nur der Mann darf mehrere Frauen haben und eigentlich sogar so viele, wie er will. Er braucht der Ehefrau auch nicht Bescheid sagen. „Hey Schatz, ich gehe mal eben heiraten." Die Frauen im kenianischen Parlament wollten das Gesetz kippen, aber die Männer haben sich völlig uneigennützig durchgesetzt. Und wir beschweren uns hier über Lobbypolitik.

Aber jetzt mal Schluss mit dem Besserwissermodus. Ich finde das Thema ist echt schwierig. Wenn ich die Eine gefunden habe und sie geheiratet habe, dann wäre es doch schon schön, wenn ich mein Leben mit ihr teilen würde. Sonst brauche ich eigentlich auch nicht heiraten, oder? Weil dann kann ich einfach rumlaufen und Spaß haben. Aber so ein Bund fürs Leben sollte doch auch so einer sein.

Ich bin schon ein wenig gedankenversunken gerade. Das tut mir leid. Aber was ich merke, wenn ich hier so sitze, ist, dass es doch nicht nur um das liebe Geld geht, sondern das ganz schnell andere Themen mich bewegen. Wenn man etwas trinkt, sagt man bekanntlich die Wahrheit und ich glaube, ich habe mir betrunken noch nie Gedanken um Geld gemacht.

Was ich dir also sagen will: „Lebe dein Leben wie ein Pfadfinder." Wild und frei und auf der Suche nach neuen Abenteuern.

Kannst du dich noch an deine eigene Schulzeit erinnern? Also wie alles angefangen hat, mit Schultüte, Großeltern auf dem Schulhof und jeder Menge fremder Gesichter? Und natürlich auch daran, wie alles aufgehört hat – dem Betrinken, der Ratlosigkeit, wohin die Zukunft führt und dem ersten eigenen Auto? Ich kann mich noch ziemlich gut daran erinnern. Die meisten Erinnerungen habe ich an die weiterführende Schule, weil da für mich sehr viel passiert ist. Allein das Thema Mädchen prägt einen als junger Mann schon sehr. (Das geht den Leserinnen wahrscheinlich nicht anders – ich war aber auch ein Teufelskerl.) Aber auch ein paar andere Dinge haben sich eingebrannt. Schöne Erfahrungen, schlimme Momente, traurige Geschichten und unendlich lustige Bilder.

Vielleicht ist genau das der Sinn des Lebens – sich zu verändern, weiterzuentwickeln, sein Leben so zu leben, dass man selbst glücklich ist und am Ende mit einem Lächeln zurückzublicken und dem Gefühl, dieses eine so unfassbare Geschenk wirklich genossen zu haben.

Wir haben viele Seiten gemeinsam gefüllt mit Gedanken zum Leben, zur Liebe, zu schönen und traurigen Momenten. Wir haben gelacht, waren traurig oder haben uns unendlich berauscht gefühlt. Genau das ist es, was das Leben ausmacht und wir beide haben gerade zusammengelebt.

Weißt du, jetzt ist es Zeit, Lebewohl zu sagen, unser gemeinsamer Weg ist zu Ende und jeder geht auf seiner nächsten Stufe weiter. Vielleicht wird unser Buch ein Erfolg und wir schreiben ein zweites. Was sagst du, mein Freund? Es war schön mit dir.

Dein Felix

ÜBER DEN AUTOR

Natürlich bekommst du auch ein paar Informationen über mich. Schließlich haben wir eine kleine Reise zusammen vor. Felix wohnt in Düsseldorf und hat vor vielen Jahren Marketing studiert. Er spricht manchmal in der 3. Person von sich selbst, aber das hast du jetzt schon gemerkt.

Seit vielen Jahren toure ich als Keynote Speaker und Startup Coach durch so manches Land, dann macht man sich schon mal Gedanken über den Sinn des Lebens. Ich freue mich zusammen mit dir auf die nächste Reise zu gehen und deinen Sinn zu finden.